Erich Kästner · Werke
Band IX

Erich Kästner · Werke
HERAUSGEGEBEN VON
FRANZ JOSEF GÖRTZ

Erich Kästner

Maskenspiele

Nacherzählungen

HERAUSGEGEBEN VON
SYBIL GRÄFIN SCHÖNFELDT

Carl Hanser Verlag

Zuerst erschienen:
Till Eulenspiegel
Atrium Verlag, Zürich 1938
Der gestiefelte Kater
Atrium Verlag, Zürich, und Verlag Carl Ueberreuter, Wien, Heidelberg 1950
Münchhausen
Atrium Verlag, Zürich, und Verlag Carl Ueberreuter, Wien, Heidelberg 1951
Die Schildbürger
Atrium Verlag, Zürich, und Verlag Carl Ueberreuter, Wien, Heidelberg 1956
Don Quichotte
Atrium Verlag, Zürich, und Verlag Carl Ueberreuter, Wien, Heidelberg 1956
Gullivers Reisen
Atrium Verlag, Zürich, und Verlag Carl Ueberreuter, Wien, Heidelberg 1961

ISBN 3-446-19564-5 (Leinen)
ISBN 3-446-19563-7 (Broschur)

Alle Rechte an dieser Gesamtausgabe vorbehalten
© Carl Hanser Verlag München Wien 1998
Ausstattung: Bernd Pfarr
Gestaltung und Herstellung:
Hanne Koblischka und Meike Harms
Texterfassung: Randall L. Jones,
Brigham Young University, Provo/Utah
Satz: Filmsatz Schröter GmbH, München
Druck und Bindung: Pustet, Regensburg
Printed in Germany

Inhaltsübersicht

7   Till Eulenspiegel

31 Der Gestiefelte Kater

49 Des Freiherrn von Münchhausen
    wunderbare Reisen und Abenteuer
    zu Wasser und zu Lande

73 Die Schildbürger

97 Leben und Taten
    des scharfsinnigen Ritters
    Don Quichotte

123 Gullivers Reisen

173 Anhang

175 Nachwort

195 Inhaltsverzeichnis

TILL EULENSPIEGEL

Herrschaften!

Auch die von euch, die noch in keinem Zirkus waren, werden hoffentlich wissen, was ein Clown ist. Erinnert ihr euch? Clowns, das sind Spaßmacher, die so bunt und ulkig herausgeputzt sind, als ob das ganze Jahr über Maskenball wäre. Sie rennen im Zirkus immer hinter den dressierten Pferden her, wollen aufspringen, fallen in den Sand und überkugeln sich. Sie versuchen Zauberkunststücke, die natürlich nicht gelingen. Und weil die Clowns alles verkehrt machen, lachen sich die Zuschauer schief.

Und nun stellt euch einmal vor: Ein solcher Clown ginge eines schönen Tages aus dem Zirkus fort! Ohne einen Pfennig Geld, und ohne dem Zirkusdirektor etwas davon zu sagen! In seinem scheckigen, völlig verrückten Anzug! Ohne etwas Richtiges gelernt zu haben; ohne Koffer und Spazierstock; ohne Eltern und reiche Verwandte!

Er ginge ganz einfach aus dem Ort hinaus und wanderte die Landstraßen entlang und quer durch die rauschenden Wälder, bis er in eine kleine Stadt käme. Und dort stünde ein dicker Bäckermeister vor der Ladentür. Der sähe den Clown des Wegs kommen und würde sagen: »Nanu, was bist du denn für eine komische Figur?«

»Ich?« würde der Clown antworten. »Ich bin ein wandernder Bäckergeselle. Haben Sie vielleicht zufällig eine Stelle frei?«

Toll, was? Und nun stellt euch gar noch vor, der Bäckermeister engagierte den wandernden Clown tatsächlich als Bäckergesellen! Einen Kerl, der noch nie im Leben Teig gerührt oder Semmeln, geschweige Apfeltorte gebacken hat! Könnt ihr euch denken, was er anstellen würde?

Unfug würde er anstellen. Nichts als lauter Unfug.

Und wenn er genug Unfug angestellt hätte?

Dann würde ihn wahrscheinlich der brave, dicke Bäckermeister hinausfeuern. Und dann müßte er weiterwandern. Bis er in einem anderen Ort vielleicht von einem Schuhmacher-

meister folgendermaßen angesprochen würde: »Was bist du denn für einer, hm?«

»Ich?« würde der Clown antworten. »Ich bin ein wandernder Schustergeselle.«

Und der Schuhmachermeister würde sagen: »Das ist ja großartig! Mein Geselle liegt im Krankenhaus. Komm herein! Bis morgen müssen zwanzig Paar Stiefel besohlt werden.«

O jeh!

Könnt ihr mir glauben, daß es so einen merkwürdigen Menschen gegeben hat? Nein?

Es hat ihn gegeben! Mein Ehrenwort!

Es ist freilich schon lange her. Im Mittelalter, vor sechshundert Jahren, gab es einen Zirkusclown, der durch Deutschland zog und, wohin er auch kam, Unfug anstellte, bis es seinen Landsleuten schwarz vor den Augen wurde.

Dieser Clown hieß Till Eulenspiegel. Und das Einzige, was er außer seinen Possen konnte, war das Seiltanzen. Doch er hatte keine Lust, im Zirkus und auf den Jahrmärkten aufzutreten. Er wollte nicht, daß die anderen über ihn lachten. Sondern er wollte über die anderen lachen.

Darum zog er in Deutschland von Ort zu Ort. Und überall, wohin er kam, ergriff er eiligst irgend einen Beruf, von dem er nichts verstand. Er war nacheinander Bäcker, Schuster und Schneider, Turmbläser, Wahrsager und Arzt, Schmied, Koch und Pastor, Tischler, Fleischer, Heizer und Universitätsprofessor. Es gab kaum einen Beruf, den er nicht gelegentlich ausübte, und keinen Beruf, den er verstand.

So war Till Eulenspiegel nicht nur einer der größten Clowns aller Zeiten, sondern bestimmt der eigenartigste. Weil er eben nicht im Zirkus auftrat, sondern mitten im wirklichen Leben! Manche, die er auf diese Weise hineingelegt hatte, lachten hinterher und nahmen ihm seine Streiche nicht weiter übel. Das waren die Gescheitesten. Die meisten wurden aber schrecklich böse auf ihn und ruhten nicht eher, als bis sie sich gerächt hatten. Das war sehr dumm von ihnen.

Denn Eulenspiegel hatte ein gutes Gedächtnis. Nach Jahr

und Tag tauchte er plötzlich wieder auf und verulkte sie, daß ihnen Hören und Sehen verging. Immer lachte er als letzter.

Die Zahl der Geschichten, die man sich vom Till Eulenspiegel erzählt und die in alten Büchern berichtet werden, ist sehr groß. Und wenn ich sie euch alle miteinander berichten wollte, würde das Bilderbuch soviel wiegen, daß ihr's nicht heben, noch tragen könntet. Drum will ich nur elf seiner seltsamen Abenteuer erzählen und, wie sich das gehört, mit dem ersten anfangen.
    Dieses erste Abenteuer Eulenspiegels war seine Taufe.

1. Wie Eulenspiegel dreimal getauft wurde

Es ist traurig, aber wahr. Der arme Junge wurde dreimal getauft! Wer weiß, vielleicht trug das daran schuld, daß er später so ein komischer Vogel wurde. Möglich ist alles. Na ja. Geboren wurde der kleine Eulenspiegel jedenfalls nur einmal. Und zwar zwischen Lüneburg und Braunschweig, in dem Dorf Kneitlingen. Und weil Kneitlingen so klein war, daß es keine Kirche hatte, mußte der Junge in Ambleben getauft werden. Ambleben hatte eine Kirche, und der Pastor hieß Arnold Pfaffenmeyer.

Pastor Pfaffenmeyer machte seine Sache sehr schön. Eulenspiegels Mutter war zwar im Bett geblieben, weil sie krank war. Aber die anderen Frauen, die mit nach Ambleben in die Kirche gekommen waren, fanden die Feierlichkeit großartig, obwohl der kleine Till ziemlich brüllte. Das war seine erste Taufe.

Hinterher gingen alle ins Wirtshaus. Erstens, weil Eulenspiegels Vater sie eingeladen hatte, und zweitens, weil sie Durst hatten. So etwas kann vorkommen.

Es gab Freibier. Es wurden Reden gehalten. Und die Hebamme, die das Steckkissen mitsamt dem Baby von Kneitlingen nach Ambleben getragen und hier übers Taufbecken gehalten hatte, hatte den größten Durst und trank am meisten. Als sie nun am späten Nachmittag aufbrachen, um nach Kneitlingen heimzuwandern, hatte die ganze Gesellschaft einen sanften Schwips. Die Hebamme natürlich auch. Und als sie über einen schmalen Brückensteg wegmußten, der keine Geländer hatte, bekam die Hebamme einen Schwindelanfall und purzelte, hast du nicht gesehen, von dem Steg in den Bach hinunter. Mitsamt dem Steckkissen und dem kleinen Till. Das war seine zweite Taufe.

Passiert war den beiden weiter nichts. Sie sahen nur maßlos dreckig aus. Denn der Bach war, so mitten im Sommer, ziemlich ausgetrocknet und voller Schlamm. Die Hebamme heulte. Eulenspiegels Vater schimpfte. Und der kleine Till schrie wie am Spieße. Kinder, sah der Junge schmutzig aus! Er wäre fast erstickt.

Als sie in Kneitlingen ankamen, wurde Till sofort in die Badewanne gesteckt und solange mit Wasser begossen, bis er wieder manierlich aussah. Und das war nun sozusagen seine dritte Taufe.

Als Pastor Pfaffenmeyer am nächsten Tage von der Sache erfuhr, schüttelte er sein graues Haupt und sagte: »Wenn das nur gutgeht mit dem Jungen! Dreimal getauft werden, das hält kein Kind aus. Was zuviel ist, ist zuviel.«

Und damit sollte der Pastor Pfaffenmeyer ja nun wirklich recht behalten.

2. Wie Eulenspiegel auf dem Seil tanzte

Till war schon als Kind ein rechter Lausejunge. Er ärgerte die Kneitlinger, wo er konnte. Sie beschwerten sich jedesmal bei den Eltern, aber meist war dem Bengel nichts nachzuweisen. Und der Vater zog ihm zwar dann die Hosen straff, weil er dachte: »Die Kneitlinger werden schon recht haben, und es kann nichts schaden.«

Doch warum er den Jungen versohlte, wußte er eigentlich nie.

Na, das ärgerte dann den kleinen Till, und dann ärgerte er die Kneitlinger wieder, und dann ärgerten sich die Kneitlinger noch mehr, und zum Schluß bekam Till wieder Hiebe.

Das wurde dem Vater mit der Zeit zu anstrengend. Er begann zu kränkeln und starb.

Nun zog die Mutter mit dem Jungen aus Kneitlingen fort und in ihr Heimatdorf an der Saale. Till war mittlerweile sechzehn Jahre alt geworden und sollte einen Beruf ergreifen. Aber er dachte nicht im Traum daran. Statt dessen lernte er auf dem Wäscheseil, das auf dem Boden gezogen war, Seiltanzen. Wenn ihn die Mutter dabei erwischte, kletterte er schleunigst aus dem Bodenfenster und setzte sich aufs Dach. Dort wartete er dann, bis sie wieder gut war. Das Bodenfenster ging auf den Fluß hinaus. Und als Till das Seiltanzen einigermaßen konnte, spannte er das Seil vom Boden aus über die Saale hinweg zu dem Bodenfenster eines Hauses, das am anderen Ufer stand.

Die Kinder, die das beobachtet hatten, und die Nachbarn, die aus den Fenstern guckten, sperrten Mund und Nase auf, als Till das Seil betrat und langsam darauf balancierte, ohne herunterzufallen.

An beiden Ufern versammelten sich die Leute und blickten in die Luft. Sie waren fast so gespannt wie das Seil. Schließlich wurde auch Eulenspiegels Mutter aufmerksam. Sie kletterte, so schnell es ging, zum Boden hinauf, schaute aus dem Fenster und schlug die Hände über dem Kopf zusammen. Ihr Herr Sohn stand, mitten über dem Fluß, auf ihrer Wäscheleine und machte Kunststückchen! Kurz entschlossen nahm sie das Kartoffelschälmesser aus der Schürzentasche und schnitt – ritsch! die Leine durch. Und Till, der nichts gemerkt hatte, fiel sozusagen aus allen Wolken. Er fiel aus den Wolken kerzengerade in den Fluß und mußte, statt auf dem Seil zu tanzen, in der Saale baden. Die Kinder und die Nachbarn und überhaupt alle, die das mitangesehen hatten, lachten sich halbtot und ärgerten Till durch schadenfrohe Zurufe.

Er krabbelte ans Ufer und tat, als hätte er nichts gehört. Doch im stillen nahm er sich vor, ihnen ihre Schadenfreude heimzuzahlen. Wenn möglich mit Zinsen.

Schon am nächsten Tag spannte er also sein Seil von neuem. Diesmal machte er es aber nicht am Bodenfenster seiner Mutter fest. Denn er wollte nicht schon wieder in der Saale baden. Weil, wie es heißt, von dem zu häufigen Baden die Haut dünn wird.

Nein, er spannte das Seil zwischen zwei anderen Häusern aus, hoch in der Luft, aber so, daß Frau Eulenspiegel es nicht sehen konnte. Natürlich kamen die Kinder wieder angerannt, und Bauern und Bäuerinnen kamen auch. Sie lachten und machten Witze über Till und fragten, ob er wieder vom Seil fallen wolle. Einige riefen, er müsse unbedingt herunterfallen, sonst mache ihnen die ganze Sache keinen Spaß.

Eulenspiegel aber sagte: »Heute zeige ich euch etwas noch

viel Schöneres. Ihr müßt nur eure linken Schuhe ausziehen und sie mir aufs Seil geben. Sonst kann ich das Kunststück leider nicht machen.«

Erst wollten sie nicht recht. Doch dann zog einer nach dem anderen seinen linken Stiefel aus, und schließlich hatte Till hundertundzwanzig linke Schuhe vor sich liegen! Er knüpfte sie mit den Schnürsenkeln zusammen und kletterte, mit dem Stiefelberg beladen, auf Seil hinauf.

Unter ihm standen hundertundzwanzig Zuschauer, und jeder von ihnen hatte nur noch einen Schuh an.

Eulenspiegel ging nun, vorsichtig balancierend, mit dem riesigen Schuhbündel Schritt für Schritt auf dem Seil vorwärts. Als er in der Mitte des Seils angekommen war, knüpfte er die Senkel auf und rief: »Aufgepaßt!« Und dann warf er die hundertundzwanzig Schuhe auf die Straße hinunter! »Da habt ihr eure Patinen wieder!« rief er lachend. »Paßt aber gut auf, daß ihr sie nicht vertauscht!«

Da lagen nun hundertzwanzig Schuhe auf der Straße, und drumherum standen hundertzwanzig Leute, von denen jeder einen Schuh zu wenig anhatte! Und dann stürzten sie wie die Verrückten über die Schuhe her. Jeder suchte den, der ihm gehörte. Und bald war die schönste Prügelei im Gange. Man schlug sich und riß sich an den Haaren und wälzte sich brüllend auf der Straße herum.

Es dauerte eine Stunde und dreiundvierzig Minuten, bis jeder seinen linken Schuh wiederhatte. Aber wie die armen Leute aussahen! Sie hatten Beulen am Kopf und Löcher in den Hosen. Sieben Zähne lagen auf der Straße. Und neunzehn Bauern und elf Kinder konnten kaum nach Hause gehen, so humpelten sie.

Alle aber schworen sie, Till Eulenspiegel kurz und klein zu prügeln, wenn sie ihn erwischten.

Nur, das mit dem Erwischen war schwierig. Denn Till ging ein Vierteljahr lang nicht vor die Tür. Er saß die ganze Zeit bei seiner Mutter im Hause. Und sie freute sich und sagte: »Das ist recht, mein Sohn. Endlich bist du vernünftig geworden.«

Die Ärmste!

3. Wie Eulenspiegel in einem Bienenkorb schlief

Einmal war Till mit seiner Mutter in einem Nachbardorf zur Kirchweih. Dort trank der Lümmel soviel Bier, daß er schon am hellen Mittag total betrunken war. Außerdem war er auch müde und suchte sich ein schattiges Plätzchen zum Schlafen.

Dabei geriet er in einen stillen Garten, in dem viele Bienenstöcke standen. Es waren auch leere Stöcke darunter, und in einen der leeren Bienenstöcke legte er sich und schlief ein.

Er schlief von Mittag bis gegen Mitternacht. Und Frau Eulenspiegel, die ihren Herrn Sohn überall auf dem Kirchweihrummel gesucht hatte, dachte, er sei schon längst nach Hause gegangen.

Statt dessen lag er, wie gesagt, in dem leeren Bienenkorb und schlief seinen Schwips aus.

Gegen Mitternacht kamen zwei Diebe in den stillen abgelegenen Garten und wollten einen Bienenkorb stehlen, um dann den Honig zu verkaufen. »Wir werden den schwersten Korb nehmen«, sagte der eine Dieb. »Je schwerer der Korb ist, umso mehr Honig hat er.«

»In Ordnung«, sagte der andere. Und dann hoben sie die Körbe der Reihe nach hoch. Der schwerste war natürlich der, in dem Eulenspiegel lag. Und deshalb nahmen sie den, luden ihn sich auf die Schultern, schleppten ihn aus dem Garten auf die Straße hinaus und wanderten stöhnend und schwitzend ihrem Dorf zu.

Eulenspiegel war natürlich aufgewacht und ärgerte sich, daß ihn die beiden Kerle geweckt hatten und nun auch noch nachts in ein Dorf schleppten, in dem er gar nicht wohnte.

Als sie ihn so eine Weile getragen hatten, griff er vorsichtig aus dem Bienenkorb heraus und zog den Vorderen furchtbar an den Haaren.

»Aua«, schrie der Dieb. »Bist du denn ganz verrückt geworden?« Er dachte selbstverständlich, der andere Dieb sei es gewesen und schimpfte schauderhaft.

Der andere wußte nicht, was los war, und sagte: »Du bist wohl übergeschnappt? Ich schleppe an dem Bienenkorb wie ein Möbelträger, und du bildest dir ein, ich hätte Zeit und Lust, dich an den Haaren zu ziehen! Zu dumm!«

Eulenspiegel amüsierte sich königlich, und nach einer Weile rupfte er den Hintermann am Haar, und zwar derartig, daß ihm ein Büschel Haare in der Hand blieb.

»Nun wird mir's aber zu bunt!« brüllte der Dieb. »Erst träumst du, ich hätte dich an den Haaren gezogen. Und nun reißt du mir fast die Kopfhaut runter! So eine Frechheit!«

»Blödsinn!« knurrte der andere. »Es ist so dunkel, daß ich die Straße kaum sehen kann, und ich halte den Korb mit beiden Händen fest, und da soll ich noch hinter mich greifen und dir Haare herausziehen können? Bei dir piept's ja!«

Sie stritten, fluchten und ächzten, daß Till Eulenspiegel beinahe laut gelacht hätte. Aber das ging natürlich nicht. Statt dessen riß er, fünf Minuten später, den Vordermann derartig am Haar, daß der mit dem Schädel an den Bienenkorb krachte, den Korb fallen ließ, sich umdrehte und dem Hintermann wütend mit beiden Fäusten ins Gesicht schlug. Nun ließ auch dieser Dieb den Korb fallen und warf sich mit aller Wucht auf den Vorderen. Im nächsten Augenblick lagen beide am Boden und rangen und schlugen und kratzten sich, bis sie schließlich so übereinander wegpurzelten, daß sie, so wütend waren sie, sich im Dunkel überhaupt nicht wiederfanden. Eulenspiegel aber blieb gemütlich in seinem Korb liegen und schlief weiter, bis ihn am Morgen die Sonne weckte.

Dann stand er auf und ging seiner Wege. Er kehrte übrigens nicht zu seiner Mutter zurück, sondern verdingte sich bei einem Raubritter als Reitknecht. Obwohl er gar nicht reiten konnte!

So ist es kein Wunder, daß ihn der Ritter sehr bald aus seiner Burg hinauswarf.

4. Wie Eulenspiegel die Kranken heilte

Es stimmt schon. Wer als Kind ein rechtes Radieschen war, wird als Erwachsener immer schlimmer. Noch dazu, wenn der Vater zu früh wegstirbt. So war es auch mit Till Eulenspiegel. Er trieb es von Jahr zu Jahr toller.

Er wechselte die Berufe öfter als das Hemd. Und da er nirgends lange bleiben konnte, weil man ihn sonst verkehrt aufgehängt oder wenigstens halbtot geschlagen hätte, kannte er, kaum daß er zwanzig Jahre alt war, Deutschland wie seine Westentasche.

So kam er auch nach Nürnberg. Und hier trieb er's ganz besonders bunt. Er klebte an die Kirchentüren und an's Rathausportal Plakate, auf denen er sich als Wunderdoktor ausgab.

Es dauerte auch gar nicht lange, da kam der Verwalter vom Krankenhaus zum Heiligen Geist anspaziert und sagte: »Sehr geehrter Herr Doktor! In unserem Spital liegen so viele Kranke, daß ich mir nicht mehr zu helfen weiß. Alle Betten sind belegt, und das Geld reicht vorn und hinten nicht. Können Sie mir keinen Rat geben?«

Eulenspiegel kratzte sich hinterm Ohr und antwortete: »Doch, doch lieber Mann. Aber guter Rat ist teuer.«

»Wieviel?« fragte der Verwalter.

Und Eulenspiegel sagte: »Zweihundert Gulden.«

Zunächst blieb dem guten Mann die Luft weg. Und dann erkundigte er sich, was der Herr Doktor Eulenspiegel dafür leisten wolle.

»Dafür mache ich in einem einzigen Tag alle Kranken gesund, die im Hospital liegen! Wenn mir's nicht gelingen sollte, will ich keinen Pfennig haben.«

»Ausgezeichnet!« rief der Mann, nahm Eulenspiegel auf der Stelle mit ins Krankenhaus und sagte den Kranken, der neue Doktor wolle sie alle heilen. Sie müßten sich nur genau nach seinen Vorschriften richten.

Dann ging er ins Verwaltungsbüro und ließ Till mit den Kranken allein. Eulenspiegel ging langsam von Bett zu Bett und unterhielt sich mit den Leuten. Er sprach sehr leise und geheimnisvoll mit jedem von ihnen. Und einem jeden sagte er das gleiche.

»Ich will euch allen helfen«, sagte er, »dir, mein Freund, und den andern auch. Und ich weiß ein fabelhaftes Rezept dafür. Ich muß einen von euch zu Pulver verbrennen. Dieses Pulver müßt ihr dann einnehmen. Ich habe mir auch schön überlegt, wen von euch ich zu Pulver verbrennen werde: den Kränksten im Saal. Das wird das beste sein, meinst du nicht auch? Na also.« Dann beugte er sich noch tiefer und fuhr noch leiser fort: »In einer halben Stunde hole ich den Verwalter herauf. Der wird die Gesunden unter euch fortschicken. Es wird also gut sein, wenn du dich ein bißchen beeilst, mein Lieber. Denn den Letzten verbrenne ich leider zu Pulver. Die Sache will's!«

So ging er zu jedem und erzählte jedem das gleiche. Dann holte er endlich den Verwalter nach oben. Und der Verwalter rief mit lauter Stimme: »Wer sich gesund fühlt, ist entlassen!«

In drei Minuten war der Saal leer! Alle rannten oder humpelten, so schnell sie nur irgend konnten, aus dem Krankenhaus hinaus. Solche Angst hatten sie! Es waren welche dabei, die seit zehn Jahren hier gelegen hatten. Der Hospitalverwalter war sprachlos. Er raste ins Büro und brachte Eulenspiegel zweihundertzwanzig (220) Gulden. Die streckte er ihm hin und sagte: »Zwanzig Gulden gebe ich Ihnen extra. Sie sind der beste Arzt der Welt.«

»Stimmt«, sagte Eulenspiegel. Damit meinte er den Geldbetrag. Er steckte ihn in die Tasche, empfahl sich und machte, daß er Nürnberg in den Rücken bekam.

Schon am nächsten Tag kehrten alle Kranken ins Hospital zum Heiligen Geist zurück und legten sich wieder in ihre Betten.

Der Verwalter war außer sich. »Um alles in der Welt«, rief er, »ich denke, er hat euch gesund gemacht?«

Da erzählten sie ihm, warum sie gestern davongelaufen waren, und daß sich keiner habe zu Pulver verbrennen lassen wollen.

»Ich bin ein Esel«, sagte der Verwalter. »Der Lump hat mich betrogen, und ich habe ihm sogar noch zwanzig Gulden mehr gegeben, als er verlangt hat!«

5. Wie Eulenspiegel Eulen und Meerkatzen buk

Einmal kam Eulenspiegel auch nach Braunschweig und suchte die Herberge zur Heimat, weil er dort übernachten wollte. Er fragte einen Bäcker, der vor seinem Laden stand, nach dem Weg. Der Bäcker beschrieb ihm genau, wie er gehen müsse, und fragte noch: »Was bist du denn eigentlich?«

»Ich?« sagte Till. »Ich bin ein wandernder Bäckergeselle.«

Da freute sich der Bäcker, denn er brauchte gerade einen Gesellen. Und Eulenspiegel blieb für Lohn, Beköstigung und freies Logis in der Bäckerei. Weil nun der Meister selber mitunter in der Backstube arbeitete, fiel es ihm am ersten und zweiten Tage überhaupt nicht auf, daß Till vom Backen nicht mehr verstand, als ein Ochse vom Klavierspielen. Doch am dritten Tage wollte sich der Meister früh am Abend schlafen legen. Vielleicht wollte er auch in den Gasthof zum Schwarzen Eber gehen und kegeln. Jedenfalls sagte er zu Till: »Heute nacht mußt du allein backen. Ich komme erst morgen früh wieder herunter.«

»Ist recht«, meinte Till. »Aber was soll ich denn bakken?«

»Da hört sich ja Verschiedenes auf!« rief der Meister. »Du bist ein Bäckergeselle und fragst mich, was du backen sollst! Meinetwegen Eulen und Meerkatzen!« Er hätte ebensogut sagen können: ›Veilchen und junge Hunde‹; und er sagte ›Eulen und Meerkatzen‹ natürlich nur, weil er sich über die dumme Frage seines Gesellen geärgert hatte.

Aber als er fort war, rührte Eulenspiegel den Teig an und

buk von zehn Uhr abends bis drei Uhr früh tatsächlich lauter Eulen und Meerkatzen.

Als der Meister am Morgen hereintrat, dachte er, er käme in den Zoo. Überall lagen und standen knusprig gebackene Tiere. Und er sah sich vergeblich nach Broten, Brötchen und Semmeln um.

Da schlug er vor Wut mit der Faust auf den Tisch und rief: »Was hast du denn da gebacken?«

»Das sehen Sie doch«, sagte Till. »Eulen und Meerkatzen. Wie Sie's verlangt haben. Sind die Biester nicht ähnlich genug? Ich hab mir furchtbar viel Mühe gegeben.«

Eulenspiegels Frechheit brachte den braven Mann vollends auf den Baum. Er packte ihn am Kragen, schüttelte ihn hin und her und brüllte: »Aus dem Hause! Aber sofort, du Haderlump!«

»Erst müssen Sie mich loslassen«, sagte Till. »Sonst kann ich nicht weg.« Der Meister ließ ihn los, und Till wollte schleunigst auf und davon. Doch da hielt ihn der Bäcker noch einmal fest. »Erst zahlst du mir den Teig, den du verhunzt hast!«

»Nur wenn ich die lieben Tierchen mitnehmen darf«, erwiderte Eulenspiegel. »Wenn ich den Teig, aus dem sie gebacken sind, bezahle, gehören sie mir.«

Der Bäcker war einverstanden und nahm das Geld. Till aber verfrachtete seine Eulen und Meerkatzen in einem Tragkorb und zog damit ab.

Am Nachmittag war auf dem Platze vor der Kirche großes Gedränge. Till Eulenspiegel stand mitten unter den Leuten und verkaufte seine Eulen und Meerkatzen Stück für Stück und verdiente großartig daran.

Das sprach sich im Nu herum. Und als der Bäckermeister davon hörte, schloß er seinen Laden ab und rannte im Dauerlauf zur Sankt Niklaskirche hin. »Der Kerl muß mir das Holz bezahlen, das er für das alberne Viehzeug verfeuert hat!« rief er, während er durch die Gassen stürmte. »Und eine Benutzungsgebühr für den Backofen! Und einsperren lasse ich ihn außerdem!«

Doch als er auf dem Platz ankam, war Till Eulenspiegel schon über alle Berge. Er hatte seine Eulen und Meerkatzen restlos ausverkauft, und sogar den Korb, der dem Bäcker gehörte, hatte er für einen Taler verkauft.

Und die Braunschweiger lachten noch jahrelang über den armen Bäckermeister.

6. Wie Eulenspiegel Turmbläser war

Einmal trat Till beim Grafen von Anhalt in Dienst. Der Graf hatte damals viele seiner Ritter und deren Knechte im Bernburger Schloß versammelt, um die Bauern, die vor den Stadtmauern ihre Felder und Wiesen hatten, gegen die Überfälle der Raubritter zu verteidigen. Das war nötig geworden. Denn die Raubritter brandschatzten die Dörfer und trieben den Bauern das Vieh fort.

Eulenspiegel wurde auf dem höchsten Turm des Schlosses einquartiert und mußte von dort aus Tag für Tag über das Land schauen. Sobald die Feinde kämen, sollte er auf einer Trompete Alarm blasen.

In den Schloßhof konnte er übrigens auch hinunterblicken. Da sah er dann immer die Ritter und Knechte an langen Tischen sitzen und ununterbrochen essen und trinken.

Und vor lauter Essen und Trinken vergaßen der Graf und die anderen, ihrem Turmbläser Essen hinaufzuschicken. Und obwohl er rief, so laut er konnte, hörten sie ihn nicht. Weil der Turm zu hoch war. Vom Turm herunterklettern durfte er auch nicht, da er ja dauernd ins Land schauen mußte. Eines schönen Nachmittags sah er die Raubritter zu Pferde dahersprengen. Sie trieben die Viehherden vor der Stadt zusammen, steckten ein paar Scheunen in Brand und benahmen sich überhaupt sehr unfein. Eulenspiegel lag im Fenster und schaute ihnen gemütlich zu. Doch die Trompete ließ er ruhig an der Wand hängen. Endlich kam einer der Bauern ins Schloß gerannt und erzählte dem Grafen von dem Überfall. Die Ritter holten hastig ihre

Pferde aus dem Stall und jagten wie der Wind aus dem Stadttor. Doch die Feinde waren samt dem gestohlenen Vieh schon über alle Berge.

Als der Graf ins Schloß zurückkam, war er sehr wütend. Er kletterte in voller Rüstung auf den Turm hinauf und sagte: »Warum zum Donnerwetter, hast du nicht geblasen, als du die Feinde kommen sahst?«

»Und warum«, fragte Eulenspiegel, »habt Ihr mir nichts zu essen heraufgeschickt? Bevor man nicht gegessen hat, kann man nicht Trompete blasen.«

Ein andres Mal hatte der Graf einen Ausfall aus der Stadt gemacht und den Feinden ihr Vieh fortgetrieben. Das Vieh war ins Schloß gebracht und dutzendweise am Spieß gebraten worden.

Und nun saßen wieder alle im Schloßhof drunten und aßen wie die Scheunendrescher. Till roch den Braten oben im Turm. Aber man vergaß den Wächter wieder einmal. Da nahm er kurzentschlossen die Trompete von der Wand, steckte sie durchs Fenster und blies Alarm.

Der Graf und die Ritter ließen das Essen stehen und liegen, zogen ihre Panzer an und galoppierten zur Stadt hinaus. Kaum waren sie fort, rannte Till vom Turm, belud sich mit Kalbs- und Schweinebraten und anderen Eßwaren, kletterte wieder auf den Turm und aß, bis ihm die Hose nicht mehr paßte.

Als der Graf zurückkehrte, war er wieder sehr wütend. Er stieg auf den Turm hinauf und sagte: »Bei dir ist wohl eine Schraube locker? Was fällt dir denn ein, Alarm zu blasen, wenn keine Feinde zu sehen sind? He?«

»Das macht der Hunger«, erwiderte Till. »Da fantasiert man wie im Fieber.« »Unsinn«, sagte der Graf. »Wer Alarm bläst, wenn keine Feinde zu sehen sind, und nicht bläst, wenn sie kommen, ist kein Trompeter für mich.« Er bestellte einen andern Mann zum Turmbläser, und Eulenspiegel wurde Fußknecht, also Infanterist.

Das war ihm gar nicht recht. Denn als die Feinde wieder vor der Stadt erschienen, mußte er mit zum Tor hinaus und kämpfen. Er ließ sich sehr viel Zeit und lief als Letzter hinterdrein. Und als die Feinde in die Flucht geschlagen worden waren, rannte er als Erster ins Schloß zurück. Das machte er beim nächsten und übernächsten Überfall ganz genauso, bis es allen, auch dem Grafen, auffiel. Und der Graf fragte, was das heißen solle.

»Die Sache ist die«, sagte Till. »Da ich als Turmbläser so wenig zu essen bekam, bin ich körperlich nicht auf der Höhe. Wenn ich wirklich die Energie aufbrächte, der Erste vorm Feind zu sein, müßte ich irrsinnig schnell zurückrennen, um als Erster wieder im Schloß zu sein und rasch zu essen. Diese Rennerei würde meine Gesundheit nicht aushalten.«

»Scher dich zum Teufel!« rief der Graf aufgebracht. »Oder soll ich dich hängen lassen?«

»Nein«, sagte Till. »Auch das würde meine Gesundheit nicht aushalten!« Und er schnürte sein Bündel und verließ Schloß und Stadt Bernburg, so schnell er konnte.

7. Wie Eulenspiegel Erde kaufte

Der Graf von Anhalt war nicht der einzige deutsche Fürst, der Eulenspiegel mit dem Galgen bedrohte. Genau dasselbe tat, wenig später, der Herzog von Lüneburg. Till hatte nämlich auch im Herzogtum Lüneburg irgendwelche Dummheiten ausgefressen. Und der Herzog hatte ihm daraufhin gesagt: »Mach, daß du über die Grenze kommst! Wenn du dich wieder vor mir blicken läßt, wirst du gehängt!«

Eulenspiegel war damals wie der Blitz aus Lüneburg verschwunden. Später aber mußte er auf seinen Fahrten doch wieder durch das Gebiet des Herzogs, falls er keinen zu großen Umweg machen wollte. Er kaufte sich deshalb ein Pferd und einen Karren; und in der Nähe von Celle hielt er an einem Acker still, den ein Bauer pflügte, und kaufte dem Bauern für einen Schilling soviel Ackererde ab, daß der Karren bis obenhin voll davon wurde. Dann setzte sich Till in den Karren, sodaß nur der Kopf und die Arme aus der Erde hervorschauten. Und so kutschierte Eulenspiegel durch das ihm verbotene Herzogtum. Er sah fast aus wie ein fahrender Blumentopf.

Als er an der Burg Celle vorbeifuhr, begegnete er dem Herzog, der mit seinem Gefolge zur Jagd ritt. Der Herzog hielt an und sagte: »Ich habe dir mein Land verboten. Steig aus! Jetzt wirst du gehängt.«

»Ich bin ja gar nicht in Eurem Land«, erwiderte Eulenspiegel. »Ich sitze in meinem eignen Land. Ich habe es rechtmäßig von einem Bauern gekauft. Erst gehörte es ihm. Nun gehört es mir. Euer Land ist es nicht.« Der Herzog sagte: »Scher dich mit deinem Land aus meinem Land, du Galgenstrick! Und wenn du noch einmal hierherkommst, hänge ich dich samt Pferd und Wagen!«

8. Wie Eulenspiegel einem Esel
das Lesen beibrachte

Eine Zeit lang beschäftigte sich Eulenspiegel damit, daß er von Universität zu Universität zog, sich überall als Gelehrten ausgab und die Professoren und Studenten neckte. Er behauptete, alles zu wissen und zu können. Und er beantwortete tatsächlich sämtliche Fragen, die sie ihm vorlegten. Bei dieser Gelegenheit kam er schließlich nach Erfurt. Die Erfurter Studenten und ihr Rektor hörten von seiner Ankunft und zerbrachen sich den Kopf, was für eine Aufgabe sie ihm stellen könnten. »Denn so wie denen in Prag«, sagten sie, »soll es uns nicht ergehen. Er soll nicht uns, sondern wir wollen ihn hineinlegen.«

Endlich fiel ihnen etwas Passendes ein. Sie kauften einen Esel, bugsierten das störrische Tier in den Gasthof »Zum Turm«, wo Eulenspiegel wohnte, und fragten ihn, ob er sich zutraue, dem Esel das Lesen beizubringen.

»Selbstverständlich«, antwortete Till. »Doch da so ein Esel ein dummes Tier ist, wird der Unterricht ziemlich lange dauern.«

»Wie lange denn?« fragte der Rektor der Universität.

»Schätzungsweise zwanzig Jahre«, meinte Till. Und hierbei dachte er sich: Zwanzig Jahre sind eine lange Zeit. Bis dahin stirbt vielleicht der Rektor. Dann geht die Sache gut aus. Oder ich sterbe selber. Oder der Esel stirbt, und das wäre das beste.

Der Rektor war mit den zwanzig Jahren einverstanden. Eulenspiegel verlangte fünfhundert alte Groschen für seinen Unterricht. Man gab ihm einen Vorschuß und ließ ihn mit seinem vierbeinigen Schüler allein. Till brachte das Tier in den Stall. In die Futterkrippe legte er ein großes altes Buch, und zwischen die ersten Seiten des Buches legte er Hafer. Das merkte sich der Esel. Und um den Hafer zu fressen, blätterte er mit dem Maul die Blätter des Buches um. War kein Hafer mehr zu finden, rief der Esel laut: »I-a, i-a!« Das fand Eulenspiegel großartig, und er übte es mit dem Esel wieder und wieder.

Nach einer Woche ging Till zu dem Rektor und sagte: »Wollen Sie bei Gelegenheit einmal mich und meinen Schüler besuchen?«

»Gern«, meinte der Rektor. »Hat er denn schon Einiges gelernt?«

»Ein paar Buchstaben kann er bereits«, erklärte Eulenspiegel stolz. »Und das ist ja für einen Esel und für eine Woche Unterricht allerhand.«

Schon am Nachmittag kam der Rektor mit den Professoren und Studenten in den Gasthof, und Till führte sie in den Stall. Dann legte er ein Buch in die Krippe. Der Esel, der seit einem Tag kein Futter gekriegt hatte, blätterte hungrig die Seiten des Buchs um. Und da Eulenspiegel diesmal überhaupt keinen Hafer ins Buch gelegt hatte, schrie das Tier unaufhörlich und so laut es konnte: »I-a, i-a, i-a!«

»I und A kann er schon, wie Sie hören«, sagte Eulenspiegel. »Morgen beginne ich damit, ihm O und U beizubringen.« Da gingen die Herren wütend fort. Der Rektor ärgerte sich so sehr, daß ihn bald darauf der Schlag traf. Und Till jagte den Esel aus dem Stall. »Scher dich zu den andren Erfurter Eseln!« rief er ihm nach. Dann schnürte er sein Bündel und verließ die Stadt noch am selben Tage.

9. Wie Eulenspiegel die Schneider aufklärte

Als er in Rostock war, schickte er in alle Städte und Dörfer Briefe, und in diesen Briefen forderte er alle Schneider Mecklenburgs auf, an einem bestimmten Tag nach Rostock zu kommen. Dort wolle er ihnen eine Kunst beibringen, die ihnen und ihren Kindern von großem Nutzen sein werde. Und richtig, am festgesetzten Tag fanden sich in Rostock Tausende von Schneidern ein. Eulenspiegel führte sie auf eine Wiese vor der Stadt. Sie setzten sich ins Gras, aßen und tranken erst einmal, weil sie einen weiten Weg hinter sich hatten, und dann baten sie Till, seine Rede zu halten und die Kunst zu verraten, die ihnen und ihren Kindern nach seiner Meinung so nützlich sei.

»Meine Herren Schneidermeister«, sagte Eulenspiegel darauf, »ich möchte euch mit größtem Nachdruck auf Folgendes hinweisen: Wenn ihr eine Schere, eine Elle, einen Fingerhut, eine Nadel und Zwirn habt, braucht ihr nichts weiter. Und vergeßt nie, in den Faden, nachdem ihr ihn eingefädelt habt, einen Knoten zu machen. Sonst gleitet der Zwirn aus der Nadel und ihr macht die Stiche umsonst! Hat jemand noch eine Frage?«

Die mecklenburgischen Schneider sahen einander paff an und machten lange Gesichter. Endlich rief einer von ihnen: »Da hört sich ja alles auf! Deswegen sind wir bis nach Rostock gekommen? Das wissen wir schon seit tausend Jahren!«

»Seit tausend Jahren?« fragte Till. »Wie alt bist du?«

»Fünfundvierzig Jahre«, antwortete der Schneider.

»Da hast du's«, sagte Till. »Wie kannst du es dann seit tausend Jahren wissen!« Er schaute sich beleidigt um. »Ich habe es gut mit euch gemeint. Aber wenn es euch nicht paßt, könnt ihr ja wieder gehen!«

Nun wurden die Schneider ganz wild, und sie wollten ihn verprügeln. Er aber lief in ein Haus, das zwei Eingänge hatte. Zu dem einen lief er hinein und zum anderen hinaus. Sie erwischten ihn nicht, so sehr sie suchten, und waren außer sich vor Wut.

Nur die Schneider, die in Rostock selber wohnten, lachten. »Wir haben gleich gewußt, daß er nichts als einen dummen Spaß vorhatte«, sagten sie. »Wie konntet ihr nur wegen dieses Kerls eine so weite Reise machen! Ihr seid wirklich dumm.«

So gab es zum Schluß noch Verdruß und Prügel zwischen den Schneidern aus Rostock und denen von außerhalb. Nur Eulenspiegel, der daran schuld war, blieb verschwunden.

10. Wie Eulenspiegel die Kürschner betrog

Als er einmal, kurz vor Fastnacht, in Leipzig eintraf, gelang es ihm nicht, auch nur für ein paar Tage bei einem der vielen Leipziger Kürschner Arbeit zu finden.

Das lag wohl daran, daß ihnen zur letzten Leipziger Messe ein Kürschner aus Berlin die Ohren vollgejammert hatte. Er hatte erzählt, wie ihm Eulenspiegel seinerzeit ein Dutzend schöner Wolfsfelle, statt sie zu bearbeiten, völlig zerschnipselt und daraus kleine ausgestopfte Wölfe und Teddybären gemacht hatte.

Und weil die Leipziger Kürschner keine Lust hatten, sich von Till ihre teuren Pelze verhunzen zu lassen, gaben sie ihm keine Arbeit. Und weil sie ihm keine Arbeit gaben, nahm er sich vor, sie bei nächster Gelegenheit einmal gründlich zu ärgern.

Und diese Gelegenheit bot sich.

Eulenspiegel erfuhr zufällig, daß die Kürschner zum Fastnachtstage an ihrem Stammtisch ein Hasen-Essen planten. So klaute er in seinem Gasthof die Katze. Das war ein vollgefressenes Prachtexemplar. Dann bat er den Koch um ein Hasenfell. Und oben im Zimmer nähte er die Katze, so sehr sie auch strampelte und kratzte, in das Hasenfell hinein. Dann klebte er sich einen Schnurrbart unter die Nase, zog andere Kleider an und stellte sich, als ob er ein Bauer sei, vors Rathaus.

Als einer der Kürscher, die er kannte, vorbeikam, fragte er den, ob er keinen Hasen kaufen wollte. Der Kürschner dachte an das Fastnachtsessen, bezahlte Till das Tier, nahm es bei den Ohren und brachte es an den Stammtisch, wo die anderen Kürschner saßen und Bier tranken. Er zeigte ihnen den Hasen. Und sie waren von ihrem zappelnden Fastnachtsbraten hell begeistert.

Nun hatte aber einer der Kürschner einen Hund. Und sie trugen, nur so zum Spaße, ihren Hasen in den Garten hinaus und hetzten den Hund auf den Hasen.

Doch ehe sie sich's versahen, kletterte der Hase auf einen Baum und schrie kläglich: »Miau! Miau! Miau!«

Nun wurde es ihnen langsam klar, daß sie verkohlt worden waren. Und weil man eine Katze nicht gut als Hasenbraten verzehren kann, bekamen sie eine Mordswut und schworen, den Kerl, der ihnen die Katze angedreht hatte, totzuschlagen.

Doch da sich Eulenspiegel, ganz gegen seine Gewohnheit, beim Verkauf der Katze verkleidet gehabt und danach wieder umgezogen hatte, kamen sie ihm nicht auf die Spur. Und Till blieb am Leben und ärgerte die Menschen weiter.

11. Wie Eulenspiegel Milch aufkaufte

In Bremen rollte er einmal ein riesengroßes Faß auf den Wochenmarkt, stellte es dort auf und kaufte alle Milch, welche die Bäuerinnen aus den Dörfern zur Stadt gebracht hatten. Eine nach der anderen schüttete ihre Milch in das Faß, und Till schrieb mit Kreide draußen an die Faßwand, wieviel Liter Milch ihm jede der Frauen verkauft hatte. Zum Schluß gab es auf dem Markt außer in Tills Faß keinen Tropfen Milch mehr. Die Wände des Fasses waren über und über mit Kreide beschrieben. Und das Faß war bis an den Rand hinauf voller Milch.

Es hatten sich viele Leute versammelt, die sich wunderten, was Eulenspiegel wohl mit dieser Unmenge Milch anfangen wolle. Sie sollten sich aber über noch ganz andere Dinge wundern. Denn als das Faß voll war und die Marktfrauen ihr Geld verlangten, sagte Till: »Ich habe gerade kein Geld bei mir. Aber in vierzehn Tagen komme ich wieder nach Bremen zum Markt. Dann bezahle ich euch alles auf Heller und Pfennig.«

Da regten sich die Bäuerinnen furchtbar auf und riefen laut durcheinander. Und wenn er nicht sofort zahle, würden sie den Polizisten holen.

»Ich weiß gar nicht, was ihr wollt«, sagte Eulenspiegel. Er war richtig ärgerlich. »Ich mache euch einen Vorschlag. Wer die vierzehn Tage nicht warten will, kann ja seine Milch wieder aus dem Faß herausnehmen. Aber paßt gut auf, daß keine von euch mehr herausnimmt, als sie hineingeschüttet hat.«

Nun erhob sich ein Geschrei, daß im Rathaus drei Fensterscheiben zersprangen. Die Marktfrauen stürzten mit ihren Töpfen, Flaschen und Eimern über das Faß her. Und weil jede zuerst heranwollte, entstand ein wildes Durcheinander. Man schlug sich mit den Eimern. Die Milch spritzte hoch durch die Luft und auf die Kleider. Und zu guter letzt fiel auch noch das große Faß um und überschwemmte den Marktplatz. Es sah aus, als hätte es Milch geregnet.

Die Marktfrauen fielen übereinander her. Die Zuschauer lachten, bis sie Seitenstechen hatten. Und Eulenspiegel?

Nun, das wißt ihr, am Ende des Buchs, bestimmt schon auswendig! Wo war Eulenspiegel? Immer, wenn er etwas angestellt hatte und die anderen ihn suchten, war Eulenspiegel längst auf und davon.

Wieder zog er nun über Berg und Tal, an Flüssen entlang und quer durch Wälder und Felder. Bis er in irgendeinen Ort kam, wo er noch keinen Unfug getrieben hatte. Das holte er dann ganz rasch nach.

War die Aufgabe zu seiner Zufriedenheit erledigt, nahm er von neuem die Beine unter den Arm, verschwand, und die Leute im Ort waren die Dummen.

Till trieb das bis ins hohe Alter so; und immer wieder entdeckte er ein Dorf oder eine Stadt, wo man auf ihn hereinfiel. Denn die Dummen – das war schon damals so – die werden nicht alle!

DER GESTIEFELTE KATER

1. Vom Kater ist noch nicht die Rede

Es war einmal ein Müller. Der hatte eine Windmühle und drei Söhne. Und die drei Söhne arbeiteten von klein auf, wie sich das gehört, in der Mühle des Vaters. Dafür bekamen sie von ihm zu essen und zu trinken und alle drei Jahre einen neuen Anzug. Das war alles in schönster Ordnung und hätte noch lange so weitergehen können, doch das tat es leider nicht. Denn eines Tages erlebte der Müller etwas, was jeder Mensch eines Tages erlebt, ob er nun ein Müller oder ein König ist: Er legte sich hin und starb.

2. Die Hinterlassenschaft wird geteilt

Das Geld, das die Söhne des Müllers in der Kommode gefunden hatten, reichte gerade für das Begräbnis. Und als die drei vom Friedhof hereinkamen, putzten sie sich erst einmal vor Rührung die Nase.

Dann sagte der älteste: »Ihr wißt, was der Vater hinterlassen hat.« »Jawohl«, meinte der zweite. »Die Mühle, den Esel im Stall und den Kater, der die Mäuse fängt.«

»Wir wollen die Erbschaft schnell aufteilen, weil wir noch so traurig sind«, erklärte der älteste. »Später gäbe es womöglich Streit.«

Der jüngste kratzte sich hinterm Ohr. Denn er konnte sich schon denken, was nun kam.

»Ich übernehme die Mühle«, sagte der älteste. »Dem zweiten gehört der Esel im Stall, und der jüngste kriegt den Kater.«

»Seid mir nicht böse«, bat der jüngste, »aber können wir nicht weiter, wie bisher, zusammen in der Mühle leben und arbeiten? Warum müssen wir denn auf einmal teilen?«

»Das verstehst du nicht«, meinte der älteste. »Ich werde bald heiraten, und wenn man heiratet, bekommt man Kinder, und dann ist für dich kein Platz mehr in der Mühle.«

»Aber das ist doch ungerecht!« rief der jüngste. »Schließlich sind wir doch alle drei die Söhne unseres Vaters! Ihm hat die Mühle gehört, und nun gehört sie uns!«

»Nein!« erwiderte der älteste. »Nun gehört sie mir, weil ich der älteste bin. Das ist nicht gerecht und auch nicht ungerecht, sondern es ist ganz einfach so. Wenn du der älteste wärst, bekämst du die Mühle. Das schwöre ich dir, bei allem, was mir heilig ist!«

»Ich bin doch aber nun einmal der jüngste!« rief der jüngste.

»Das ist dein persönliches Pech«, meinte der älteste. »Doch es läßt sich nicht ändern.«

»Was soll ich denn sagen?« fragte der zweite den jüngsten. »Ich bin volle drei Jahre älter als du, und auch ich bekomme die Mühle nicht!«

»Aber du hast wenigstens den Esel, der die Mehlsäcke in die Dörfer trägt! Davon kann man ganz gut leben!«

Der zweite sagte freundlich: »Wenn du statt meiner der zweite wärst, bekämst du den Esel. Das schwöre ich dir, bei allem, was mir heilig ist!«

Der jüngste stampfte mit dem Fuß auf. Er war richtig ärgerlich. »Was soll ich denn mit dem Kater anfangen? Soll ich ihn schlachten, wenn ich Hunger habe? Dann bleibt mir gerade noch sein Fell. Das reicht vielleicht für eine Pelzmütze.«

»Vielleicht«, sagte der älteste. »Vielleicht auch nicht.«

»Du kannst dir natürlich auch ein Paar warme Handschuhe daraus machen lassen«, meinte der zweite. »Pelzhandschuhe sind sehr gesund.«

»Ist das euer letztes Wort?« fragte der jüngste.

Die beiden anderen Brüder nickten im Chor mit den Köpfen, und der älteste sagte: »Du kannst, bis du etwas Passendes gefunden hast, in meiner Mühle schlafen. Aber nur bis zum nächsten Ersten.«

Der jüngste machte den Mund auf, sagte dann aber doch nichts mehr, sondern ging ohne ein weiteres Wort hinaus.

3. Der Kater ist kein gewöhnlicher Kater

Der jüngste – er hieß übrigens Hans – saß lange Zeit in seiner Kammer, starrte vor sich hin und wußte nicht, was er nun anfangen sollte.

Plötzlich stand der Kater, den er geerbt hatte, vor ihm, rieb sich an seinem Knie und legte sich schnurrend neben ihn.

»Du hast gut schnurren«, brummte der traurige Hans. »Wenn ich wenigstens wüßte, ob gebratener Kater überhaupt schmeckt.«

Da sagte jemand in der Nähe: »Gebratener Kater schmeckt scheußlich.«

Der junge Mann blickte sich erstaunt um.

Es war weit und breit kein Mensch zu sehen.

Er mußte wohl geträumt haben.

»Wenn ich bloß wüßte, was nun werden soll«, seufzte Hans aus tiefster Brust.

Da sagte jemand, wieder ganz in seiner Nähe: »Es wird uns schon etwas einfallen.«

Der junge Mann blickte blitzschnell nach allen Seiten. Aber wieder war niemand zu sehen!

»Jetzt wird es mir aber zu bunt!« rief er. »Wer spricht denn hier?«

Da drehte sich der Kater um und sagte seelenruhig: »Ich, wenn Sie nichts dagegen haben!«

Hans sperrte Mund und Nase auf. Und die Augen traten ihm einen halben Zentimeter aus dem Kopf. Endlich faßte er sich wieder und fragte: »Seit wann kannst du denn reden?«

»Schon immer«, antwortete der Kater.

»Und warum hast du es noch nie vorher getan?«

Der Kater erwiderte: »Ich rede nur, wenn es wirklich darauf ankommt.«

»Aha«, meinte Hans, »so ist das.«

»Ich war vorhin dabei«, sagte der Kater, »als Sie mit Ihren

Brüdern sprachen. Ich saß unter Ihrem Stuhl und habe alles mitangehört.«

»Um so besser«, rief Hans. »Dann brauche ich dir nicht erst lange zu erzählen, wie sehr ich mich geärgert habe! Was wollen wir jetzt tun? Soll ich bis zum nächsten Ersten in der Mühle bleiben?«

»Ach was«, sagte der Kater. »Das kommt gar nicht in Frage. Wir wollen weg von hier!«

»Und wohin?«

»Irgendwohin, wo man uns nicht kennt!«

»Meinetwegen!« rief Hans. »Mehr als verhungern können wir nirgends.« Dann nahm er den Kater auf den Arm, trat auf die Straße hinaus, blickte noch einmal zu der lieben, alten Windmühle zurück und wanderte dann durch den Tannenwald und das nächste Kirchdorf und immer, immer weiter.

Am Abend krochen sie in eine Feldscheune. Nachdem Hans ein Stück trocken Brot gegessen und der Kater sich ein paar Mäuse gefangen hatte, legten sie sich ins Heu und schliefen ungewiegt.

4. Der Kater hat drei seltsame Wünsche

Den nächsten Morgen wachten sie beizeiten auf. Es war empfindlich kalt, obwohl die Sonne schon am Himmel hochkam. Hans war mutlos und sehr traurig. Außerdem knurrte ihm der Magen.

»Schade, daß Sie sich nichts aus Mäusen machen«, meinte der Kater. »Sonst könnte ich Ihnen im Handumdrehen ein reichliches Frühstück einfangen.«

»Laß deine dummen Witze!« brummte Hans. »Mir ist gar nicht zum Lachen. Sag mir lieber, was aus uns werden soll!«

Da strich sich der Kater nachdenklich seinen Schnurrbart und fragte: »Wieviel Geld haben Sie noch?«

Hans stülpte die Taschen um und zählte die Geldstücke, die

herausfielen. Es waren zwei rheinische Taler und viereinhalb Silbergroschen. »Das ist der ganze Segen«, meinte er.

»Es wird ausreichen«, sagte der Kater nach einer Weile.

»Wofür?« fragte Hans erstaunt.

Da begann der Kater: »Ich brauche dringend ein Paar hohe Stiefel, eine kleine grüne Jagdtasche und einen Sack! Kommen Sie. Gehen wir.«

»Ausgeschlossen!« rief Hans. »Wozu, um alles in der Welt, brauchst du denn hohe Stiefel, eine Jagdtasche und einen Sack?«

»Das erzähle ich Ihnen ein ander Mal«, sagte der Kater. »Ich brauche sie aber, damit ich Ihnen helfen kann.«

Hans wollte nicht. »Ich habe dich zwar sehr gern«, meinte er, »außerdem kannst du sprechen und bist auch sonst ein hübsches Tier. Aber mein letztes Geld für solchen Firlefanz hergeben, – nein, das ist eine Kateridee!«

»Natürlich ist es eine Kateridee«, erklärte der Kater stolz. »Sie stammt ja von mir!«

Hans betrachtete seinen Kater lange. Dann sagte er seufzend: »Also schön! Wir wollen dir die drei Dinge, die du dir wünschst, besorgen. Aber erst kaufe ich mir ein Vierpfundbrot. Sonst habe ich am Abend womöglich einen solchen Hunger, daß ich dich aus Versehen schlachte und brate. Und das täte mir hinterher sicher leid.«

Mit diesen Worten stand er auf, und sie machten sich auf den Weg nach dem nächsten größeren Dorf.

Mittags kamen die beiden zum Schuster. Den Sack und die Jagdtasche hatten sie bereits eingekauft. Schon das dritte Paar Stiefel, das der Kater anprobierte, paßte wie angegossen!

Wunderbar sah der Kater jetzt aus! Die hohen Stulpenstiefel standen ihm prächtig. Die Jagdtasche war schön bestickt und kleidete ihn wie einen kühnen Jäger.

Er warf den Sack über die Schultern, verbeugte sich tief und sagte: »Auf baldiges Wiedersehen, mein Herr!«

»Wo willst du hin?« fragte Hans besorgt.

Doch da war sein Kater auch schon aus der Tür und im Kornfeld verschwunden.

5. Rebhühner fressen gerne Weizenkörner

Der Kater stiefelte stundenlang durch Wiese und Wald, bis er in eine Gegend kam, in der es viele Rebhühner gab. Dort suchte er sich ein stilles Fleckchen, legte den Sack, den ihm sein junger Herr gekauft hatte, in ein Feld und tat ein paar Weizenkörner in die Öffnung des aufgesperrten Sackes.

Dann legte er sich selber neben die Falle, streckte alle Viere von sich und stellte sich, so gut es ging, tot. Manchmal machte er die Augen halb auf, um zu sehen, ob sich noch kein Rebhuhn blicken ließ.

So lag er eine ganze Weile, ohne daß sich etwas gerührt hätte.

Aber plötzlich tauchten drei Rebhühner in seiner Nähe auf. Sie reckten ihre kleinen Hälse und waren sehr aufgeregt. Denn Körner, das weiß man ja, fressen die Rebhühner am liebsten.

Das dümmste und verfressenste der drei kleinen Tiere begann eifrig Körner zu picken, und weil in dem aufgesperrten Sack noch mehr Körner waren, kroch es in den Sack hinein.

Darauf hatte der Kater nur gewartet! Er machte einen Satz, und schon hatte er den Sack zugeklappt!

Eine Minute später hatte er das Rebhuhn totgebissen; und zwei Minuten später steckte der Braten in der schönen, bestickten Jagdtasche.

Nachdem das erledigt war, setzte der Gestiefelte Kater seinen Weg fort.

Eine halbe Stunde entfernt lag ein Königsschloß. Ein großes Schloß mit vielen Zinnen und Türmchen. Der König, der in dem Schloß wohnte, war ein guter König, weil er ein edles Herz hatte.

Andere Leute sagten, er sei ein guter König, weil er magenkrank war.

Aber das war wohl nicht richtig. Obwohl es freilich stimmte, daß sein Magen nicht in Ordnung war. Doch das hatte mit seiner Güte sicher nicht das geringste zu tun, eher mit seinem gewaltigen Appetit.

Jedenfalls hatte ihm einer seiner zwölf Leibärzte geraten, daß er unbedingt ein gebratenes Rebhuhn essen müsse. Ein Rebhuhn sei das einzige, was ihm und seinem kranken Magen helfen könne.

Nun hatte er seine Oberförster, Förster und Jagdgehilfen beauftragt, ihm ein Rebhuhn zu besorgen. Wem das gelänge, dem solle der Oberhofmeister tausend Taler auszahlen.

Wie das nun so ist: Seit die Oberförster, Förster und Jagdgehilfen des Königs wußten, daß sie tausend Taler verdienen konnten, schossen sie, kaum daß ihnen ein Rebhuhn vor die Flinte kam, prompt daneben.

Deswegen geriet, wie man sich denken kann, der Oberportier des Schlosses, als der Gestiefelte Kater sich bei ihm melden ließ, in große Aufregung.

Der Hauptmann der Schloßwache rannte sofort zum König hinauf. Er nahm jedesmal zwei Stufen.

Der herzensgute und magenkranke König, hinter dem die zwölf Leibärzte standen, saß auf dem Thron und kaute unfreundlich an einem trockenen Brötchen.

Da kam der Hauptmann der Schloßwache in den Saal gestürzt und rief: »Majestät, ein Rebhuhn!«

»Wie?« fragte der König.

Doch da stand schon der Gestiefelte Kater in der Tür, schritt, tief grüßend, bis zum König, kniete vor diesem nieder, holte das Rebhuhn aus der Jagdtasche und sagte: »Mein Herr, der Grab von Carabas, schickt Eurer Majestät dieses zarte Geflügel und hofft, daß es der Gesundheit Eurer Majestät wohl bekommen möge!«

Dem braven König traten zwei dicke Tränen in die Augen, als er das hörte.

»Der Graf von Carabas?« rief er. »Wieso kenne ich den Herrn nicht?«

Die zwölf Ärzte zuckten mit den Achseln.

»Das sieht euch ähnlich!« rief der herzensgute, aber magenkranke König.

Dann sagte er zu dem Kater: »Überbringe deinem Herrn, dem Grafen von Carabas, meine herzlichsten Grüße, und lasse dir, als seinem Diener, die tausend Taler auszahlen, die ich für das Rebhuhn ausgesetzt habe!«

»Die Grüße Eurer Majestät will ich meinem Herrn, dem Grafen von Carabas, gern ausrichten«, erwiderte der Gestiefelte Kater. »Aber die tausend Taler nehme ich nicht. Das würde mir mein Herr, der Graf von Carabas, bis ans Lebensende verübeln.«

Damit verbeugte er sich tief und verließ, stolz wie ein Spanier, das königliche Schloß.

6. Der Gestiefelte Kater kommt wieder

Wenn man ein König ist und zwölf Leibärzte hat, gibt es mindestens zwölf Möglichkeiten, krank zu sein und gesund zu werden.

Das gebratene Rebhuhn hatte dem braven, herzensguten König wohlgetan. Er fühlte sich seitdem bedeutend frischer.

Doch dann war der elfte Arzt gekommen, hatte ihn gründlich untersucht und ernst gesagt: »Majestät müßten dringend ein Kaninchen essen!«

Der König setzte natürlich sofort eine Prämie von tausend Talern aus.

Aber es war wie verhext. Seitdem kam keinem der Oberförster, Förster und Jagdgehilfen ein Kaninchen vor die Flinte, obwohl die Felder voll davon waren.

Bis sich eines Tages der Gestiefelte Kater wieder im Schloß beim Oberportier meldete und dem guten König ein Kaninchen überreichte, das er in der kleinen grünen Jagdtasche mitgebracht hatte.

Der König war selig! Er ließ schleunigst tausend Taler holen. Doch der Abgesandte des Grafen von Carabas verzichtete wiederum auf die hohe Belohnung.

»Der Graf von Carabas muß ein Millionär sein«, sagten viele

am Tisch. »Denn wer verzichtet sonst, noch dazu das zweite Mal, auf tausend Taler?«

»Ein Millionär bestimmt nicht«, sagte der Hofastronom, der ein kluger Mann war.

Doch, was die Hauptsache ist: Dem König wurde, nachdem er das Kaninchen verzehrt hatte, noch wohler als vorher.

Das ließ nun wieder dem zehnten Leibarzt keine Ruhe. Er untersuchte den König noch gründlicher, schüttelte den Kopf und sagte dann: »Majestät müßten unbedingt ein paar Wachteln essen. Sonst übernehme ich keine Verantwortung für Ihre Konstitution.«

Der König bekam einen furchtbaren Schreck. »Konstitution?« fragte er ängstlich. »Ich habe eine Konstitution? Was ist denn das schon wieder?«

Er setzte sofort eine Belohnung, diesmal sogar von zweitausend Talern, aus! Aber auch das half nichts. Seine Oberförster, Förster und Jagdgehilfen fingen und fingen keine Wachteln, obwohl sie vor lauter Jagdeifer kaum ins Bett gingen.

Der König nahm zwei Pfund ab. So eine Angst hatte er wegen der Konstitution.

Endlich kam, als er eines Tages an der Tafel saß und wieder an einem altbackenen Brötchen kaute, der Hauptmann der Schloßwache in den Saal gestürzt. Er strahlte über das ganze Gesicht.

»Wo brennt's?« fragte der König.

Doch da erschien schon der Gestiefelte Kater hinter dem strahlenden Hauptmann, verneigte sich nach allen Seiten, kniete vor dem König nieder und legte vier Wachteln auf den goldenen Tisch.

Dazu sagte er: »Mein Herr, der Graf von Carabas, schickt Eurer Majestät diese Wachteln und wünscht gute Besserung.«

Da stand der König vor Rührung auf, und seine Tochter, die Minister und Generäle mußten wohl oder übel mit ihm aufstehen. Und dann sagte er: »Dein Herr, der Graf von Carabas, ist die Güte selbst. Schade, daß er so ein reicher Mann ist. Sonst würde ich ihm ein Vermögen schenken. Und wie steht es mit dir? Willst du die Belohnung auch dieses Mal nicht annehmen?«

»Niemals«, erwiderte der Kater erhaben.

»Oder willst du bei mir Generaloberförster werden?« fragte der König.

»Nein«, sagte der Kater. »Verbindlichen Dank, Majestät!«

»Warum nicht?«

»Erstens liebe ich meinen Herrn, den Grafen von Carabas, zu sehr, und zweitens könnten Eure Majestät mich nicht bezahlen. Das würde Euer Königreich ruinieren.«

Damit schritt der Gestiefelte Kater hocherhobenen Hauptes von dannen.

»Wenn ich diesen Grafen von Carabas nicht bald kennenlerne«, sagte der König, »so werde ich wahnsinnig.«

»Ich auch, Papa«, erklärte die Königstochter. Und sie war bekannt dafür, daß sie durchsetzte, was sie wollte.

7. Hans muß im Fluß baden

Der Gestiefelte Kater hatte Hans, seinem Herrn und Eigentümer, in all der Zeit kein Sterbenswort davon gesagt, daß er den guten, magenkranken König kenne, und wie sehr dieser ihn und den vermeintlichen Grafen von Carabas wertschätze. Manchmal hatte Hans, wenn sich der Kater besonders lange herumgetrieben hatte, gefragt, was das denn heißen solle.

Aber der Kater hatte dann immer irgend ein Huhn oder Kaninchen aus der Jagdtasche hervorgeholt, und Hans war das Wasser im Munde zusammengelaufen. Und wenn einem das Wasser im Munde zusammenläuft, spricht man nicht gern.

Eines schönen Tages bat der Kater seinen Herrn, er möge mit ihm einen Spaziergang machen.

Sie kamen auch an einen Fluß, und der Kater sagte: »Jetzt müssen Sie baden!«

»Ich habe doch erst gestern gebadet!« meinte Hans.

Aber der Kater ließ nicht locker und gab nicht eher Ruhe, als bis Hans sich ausgezogen hatte und unlustig in dem Fluß hin und her schwamm.

Plötzlich rief er: »Was fällt dir denn ein?«

Die Frage war gar nicht unberechtigt. Denn der Kater hatte Hansens Hemd und Anzug in den Fluß geworfen, und sogar die Schuhe und Strümpfe.

»Was soll ich denn nun machen?« rief Hans ärgerlich. »Ich kann doch nicht als Nacktfrosch weiterleben!«

»Das wird auch nicht nötig sein«, antwortete der Kater. »Sie müssen sich nur ganz fest einbilden, daß Sie der Graf von Carabas sind!«

»Was?« rief Hans. »Ein Graf? Das fehlte noch!«

Aber der Kater hörte nicht mehr auf ihn, sondern lief plötzlich, als sei er völlig verzweifelt, am Ufer auf und nieder, rang die Pfoten und schrie aus Leibeskräften: »Hilfe! Hilfe! Mein Herr, der Graf von Carabas, ertrinkt! Hilfe! Hilfe!«

Es näherte sich gerade eine goldene Kutsche mit vier Schimmeln davor.

»Hilfe!« schrie der Kater. »Mein Herr, der Graf von Carabas, ertrinkt!«

Da hielt die goldene Kutsche an, und der König blickte aus dem Kutschschlag. »Was muß ich hören?« fragte er entsetzt. »Der Graf von Carabas ertrinkt? Warum denn?«

Neben ihm saß die Prinzessin. Sie tat einen zierlichen Schnaufer und fiel anschließend in Ohnmacht.

Der König erteilte rasch seine Befehle. Drei Lakaien sprangen sofort ins Wasser und zogen den maßlos verwunderten Hans ans Ufer.

Der Kater erzählte inzwischen dem König, daß Diebe die Kleider seines Herrn gestohlen hätten.

Da mußten sich drei Mann aus dem Gefolge der Edelleute, die hinter der goldenen Kutsche dreingeritten waren, ausziehen: einer das Spitzenhemd und den goldbetreßten Rock, der zweite die Hosen und Reitstiefel, und der dritte den Federhut samt der Perücke.

Die drei sahen, als sie wieder zu Pferde stiegen, recht albern aus.

Um so prächtiger wirkte nun Hans, der all die schönen Sachen angezogen hatte und von den tiefnassen Lakaien zu der goldenen Kutsche geführt wurde.

Der König nahm zum Gruß seine Krone ab und schüttelte Hans die Hand, als wollte er sie ihm abreißen.

Hans wußte beim besten Willen nicht, was er machen sollte. Da schlug die Prinzessin gerade die veilchenblauen Augen auf und sagte mit zitternder Stimme: »Oh, mein lieber Graf von Carabas!«

Hans starrte sie an, als sei sie ein Marzipanengel.

Da setzte der König die Krone wieder auf und rieb sich heimlich die Hände.

Dann mußte Hans in der goldenen Kutsche Platz nehmen, ob er wollte oder nicht. Und im Grunde wollte er natürlich.

»Wo ist denn mein Kater?« fragte er noch. Doch der war nirgends zu sehen.

Der Kater hatte nämlich andere Sorgen. Er war vorausgeeilt, und überall, wo er Bauern begegnet war, die in den Feldern und Wiesen arbeiteten, hatte er gerufen: »Gleich wird der König vorbeikommen. Wenn er euch fragt, wem diese Felder und Wiesen gehören, müßt ihr antworten: ›Dem Grafen von Carabas, Majestät.‹ Wenn ihr das nicht tut, lasse ich euch in ranzigem Öl braten!«

Wer will nun schon in ranzigem Öl gebraten werden? Ich wüßte keinen.

Und als die goldene Kutsche angerollt kam und anhielt, und als der König die Bauern leutselig fragte, wem das alles gehöre, riefen sie, ohne lange zu zögern: »Dem Grafen von Carabas, Majestät!«

Als er das gut ein Dutzend Male gehört hatte, fragte der König, ob er dem Grafen von Carabas auf die Schulter klopfen dürfe. »Wem?« fragte Hans. »Ach so! Mir? Gerne, Majestät!«

Der König klopfte ihm also auf die Schulter und sagte nichts weiter als: »Donnerwetter, mein lieber Graf!«

8. Der Gestiefelte Kater macht ganze Arbeit

In Wirklichkeit gehörten all die Wiesen und Felder aber einem bösen Zauberer, der in der Nähe ein prächtiges Schloß bewohnte und vor dem die Bauern eine Heidenangst hatten.

Deswegen hatten sie dem Gestiefelten Kater auch ohne weiteres geglaubt, daß sie in ranzigem Öl gebraten würden, wenn sie ihm nicht folgten. Denn sie hatten ihn für einen Boten des Zauberers gehalten.

Als der Kater im Schloß des bösen Zauberers angekommen war, ließ er durch einen Diener anfragen, ob er dem Herrn Zauberer einen Besuch machen dürfe.

Der Diener kam zurück und sagte: »Mein Herr, der Zauberer, hat nichts dagegen. Aber wenn ich Ihnen einen Rat geben darf: Gehen Sie lieber nicht hinauf, Herr Kater! Mein Herr, der Zauberer, ist ein schrecklicher Kerl!«

Doch der Gestiefelte Kater hatte keine Angst, sondern ging in den Saal, in dem der böse Zauberer an einem Tische saß, verbeugte sich und sagte: »Guten Tag!«

Der Zauberer sah ganz abscheulich aus. Ein Riese war er außerdem.

Der Kater nahm darauf keine Rücksicht, sondern fuhr fort: »Ich komme gerade aus Afrika. Dort erzählte man sich, Sie könnten sich in einen Elefanten verwandeln. Ich glaube es aber nicht.«

»Du glaubst das nicht?« brummte der Zauberer. »Na warte!« Und ehe man hätte bis drei zählen können, hatte sich der Zauberer doch tatsächlich in einen richtigen Elefanten verwandelt!

Der Kater war vor Schreck an der Gardine hochgeklettert, saß jetzt zitternd auf der Gardinenstange und sagte: »Das ist ja allerhand!«

Der Elefant spazierte im Saal auf und ab und tat, als wolle er den Kater mit dem Rüssel herunterholen.

»Bitte nicht«, sagte der Kater. »Seien Sie so freundlich, und verwandeln Sie sich wieder zurück!«

Da verschwand der Elefant, und der Zauberer saß wieder an seinem Tisch, als wäre nichts gewesen. »Ich kann noch mehr«, sagte er. »Paß gut auf!«

Und schon war aus dem Zauberer ein Löwe geworden, der laut brüllte, mit dem Schweif schlug und tat, als wolle er an der Gardine hochspringen.

Erst als der Kater sehr gebettelt hatte, wurde aus dem Löwen wieder ein Zauberer, der am Tische saß.

Der Kater traute sich nur zögernd von seiner Gardinenstange herunter, faßte neuen Mut und sagte: »Sie haben mir ja einen schönen Schreck eingejagt.«

»Das freut mich«, antwortete der böse Zauberer und lachte fürchterlich.

»In Afrika hat man mir sogar erzählt, Sie könnten sich nicht nur in große, sondern sogar in kleine Tiere verwandeln. Können Sie sich zum Beispiel in ein Reh verwandeln?«

»Selbstverständlich«, knurrte der Zauberer hochmütig.

»Oder in eine Katze?«

»Natürlich!«

»Fabelhaft«, sagte der Gestiefelte Kater. »Sogar in eine Maus?«

»Wenn es weiter nichts ist!« rief der Zauberer.

»So leid es mir tut«, meinte der Kater, »aber daß Sie sich in eine Maus verwandeln können, das halte ich für unmöglich!«

»Unmöglich?« rief der Zauberer und lachte beleidigt. Und ehe man hätte bis drei zählen können, hatte er sich in eine ganz, ganz kleine Maus verwandelt!

»So ist's recht!« rief der Kater. Und ehe man bis eins zählen konnte, hatte er die ganz, ganz kleine Maus aufgefressen!

Dann wischte er sich den Schnurrbart und sagte: »Sooo klein wäre gar nicht nötig gewesen!«

9. Der Graf von Carabas verlobt sich

Nachdem der Gestiefelte Kater die ganz, ganz kleine Maus gefressen hatte, rief er geschwind die gesamte Dienerschaft des Schlosses zusammen und sagte: »Der Zauberer ist tot!«

Da murmelten alle: »Gott sei Dank!«

Denn der Zauberer hatte sie immer sehr schlecht behandelt; und sie waren heilfroh, daß der unheimliche Mann nicht mehr lebte.

»Das Schloß, die Wälder, Wiesen und Felder gehören von dieser Stunde an meinem Herrn, dem Grafen von Carabas«, erklärte der Kater. »Er wird gleich in einer goldenen Kutsche vorfahren. Mit dem König und der Prinzessin. Was werdet ihr also rufen, wenn mein Herr ankommt?«

»Der Zauberer ist tot!« erklärte der Gärtner.

»Nicht doch«, meinte der Silberputzer. »Wir werden rufen: Der Graf von Carabas soll leben!«

»Richtig!« sagte der Kater. »Wenn ihr das schön laut ruft, bekommt ihr vielleicht Gehaltszulage!«

Da hörte man auch schon Peitschenknallen, und der Kater rannte vors Schloß.

Die goldene Kutsche hielt schon vor dem Portal. Der König beugte sich heraus und fragte: »Wem gehört denn dieses herrliche Schloß?«

Der Gestiefelte Kater verbeugte sich tief und sagte feierlich: »Meinem Herrn, dem Grafen von Carabas, Euer Majestät!«

Der König schlug beide Hände über der Krone zusammen, so begeistert war er.

Hans blickte den Kater an, als wollte er sagen: »Nun bist du aber endgültig übergeschnappt!«

Doch der Kater zwinkerte nur mit seinem linken Katzenauge und fuhr fort: »Mein Herr, der Graf von Carabas, wird Eurer Majestät und Höchstderen Tochter sicher mit tausend Freuden sein Schloß zeigen wollen.«

»Wirklich?« fragte die Prinzessin und drückte Hans heimlich die Hand.

Ja, da blieb ihm natürlich nichts weiter übrig, als mit den königlichen Herrschaften aus der Kutsche zu klettern.

Und als sie in die marmorne Schloßhalle eintraten, brüllte die gesamte Dienerschaft aus vollster Kehle: »Unser lieber Herr, der Graf von Carabas, soll leben!«

Nur der alte Gärtner rief: »Hurra, der Zauberer ist tot!« Aber das hörte in dem Lärm kein Mensch.

Der Gestiefelte Kater fragte dann den König höflich, ob er einen Happen essen wolle.

»Was gibt's denn?« fragte der König neugierig.

»Kaninchenbraten, Rebhühner und Wachteln«, meinte der Kater. »Es dauert aber ein halbes Stündchen, Majestät.«

»Das macht nichts«, sagte der König. »Wir haben Zeit.«

Da stellte sich die Prinzessin auf ihre niedlichen Zehenspitzen und flüsterte ihrem Vater etwas ins Ohr.

»Eine sehr gute Idee!« rief der König. »Wie ist das, Herr Graf? Wollen Sie mein Schwiegersohn werden?«

Hans sah die Prinzessin an, bis sie rot wurde. Dann ging er auf sie zu, sagte: »Ich bin so frei!« und küßte sie. Das war der Verlobungskuß.

Er dauerte genau eine halbe Stunde und zwei Minuten.

Als sie mit dem Verlobungskuß fertig waren, kam der Gestiefelte Kater wieder und rief: »Das Essen ist aufgetragen!«

Der König hakte bei seiner Tochter, der Prinzessin, und bei dem Grafen Hans von Carabas, seinem Schwiegersohn, unter, und sagte vergnügt: »Ihr habt die letzte halbe Stunde sehr vernünftig ausgenützt, meine Kinder. Jetzt wollen wir aber essen und auf euer Wohl trinken!«

Das taten sie dann auch.

Die Hochzeit fand noch in derselben Woche statt. Der Gestiefelte Kater streute Blumen. Und Hans, der ihm all das Glück zu verdanken hatte, machte ihn zu seinem Oberfeldwaldwiesenundhaushofmeister.

Und wenn sie nicht gestorben sind, leben sie heute noch.

Des Freiherrn von MÜNCHHAUSEN
wunderbare Reisen und Abenteuer
zu Wasser und zu Lande

Vorwort

Eines steht fest, und daran ist nicht zu wackeln: Der Baron von Münchhausen, der in diesem Buch einige seiner Abenteuer erzählt, hat wirklich und richtig gelebt, und zwar vor etwa zweihundert Jahren. Er kam im Braunschweigischen zur Welt, hieß Hieronymus mit Vornamen und wurde, kaum aus der Schule, Offizier. Das war damals bei Söhnen aus dem Adel so üblich. Die Väter lebten auf ihren Gütern, gingen auf die Jagd, ritten durch die Felder, tranken roten Punsch und ließen ihre Söhne Offizier werden. Wenn die Väter alt wurden, riefen sie die Söhne zurück. Und nun gingen diese auf die Jagd, ritten durch die Felder, tranken roten Punsch und ließen wiederum ihre Söhne Offizier werden.

Wann war das denn nun, damals? Es war zu der Zeit, als die Kaiserin Maria Theresia in Österreich, Friedrich der Große in Preußen und Katharina II. in Rußland regierten. Weil es überall Krieg gab, gab es überall Armeen, und weil es überall Armeen gab, brauchte man überall Offiziere. Und war im eignen Lande wirklich einmal kein Krieg, so ritt man in ein anderes Land und trat in dessen Armee ein. Genau so ging es mit Hieronymus von Münchhausen. Als es ihm daheim zu langweilig wurde, trat er in die russische Armee ein. Und im Krieg zwischen Rußland und der Türkei wurde er gefangengenommen und erst nach einigen Jahren wieder freigelassen. Später rief ihn sein alter Vater heim nach Bodenwerder, so hieß ihr Gut und das kleine Schloß, und nun war Hieronymus der Gutsherr. Er zog die Uniform aus, ging auf die Jagd, ritt durch die Felder und trank roten Punsch. Söhne hatte er übrigens keine, und so konnte er sie auch nicht Offizier werden lassen.

Davon abgesehen, lebte er wie die anderen Barone auch, und wir wüßten heute nichts mehr von ihm, hätte er nicht beim Punsch ganz erstaunliche Geschichten erzählt. So erstaunliche Geschichten, daß die anderen Barone, der Pfarrer, der Doktor und der Amtmann, die mit ihm am Tische saßen, Mund und Nase aufsperrten. So erstaunliche Geschichten, daß sie von irgendwem heimlich aufgeschrieben und gedruckt wurden. Münchhausen war sehr ärgerlich und wollte den Druck verbieten lassen. Als er damit kein Glück hatte, starb er vor Wut.

Und was an den Geschichten ist denn nun so erstaunlich? Sie stecken voll der tollsten Lügen! Mitten in Berichten über Reisen, die er wirklich gemacht, und über Kriege, an denen er wirklich teilgenommen hat, tischt Münchhausen uns Lügen auf, daß sich die Balken biegen! Durch Lügen kann man also berühmt werden? Freilich! Aber nur, wenn man so lustig, so phantastisch, so treuherzig und so verschmitzt zu lügen versteht wie Münchhausen, nicht etwa, um die Leser zu beschwindeln, sondern um sie, wie ein zwinkernder Märchenerzähler, mit ihrem vollen Einverständnis lächelnd zu unterhalten.

Daß ihr mir nun also nicht nach Hause kommt und sagt: »Denk dir, Mama, ich hab' eben mit einem Auto gesprochen, und das Auto meinte, morgen gäbe es Regen!« Durch solche Lügen wird man nicht berühmt. So zu lügen wie Münchhausen ist eine Kunst. Versucht es, bitte, gar nicht erst, sondern macht lieber eure Rechenaufgaben! Und dann, wenn sie fertig sind, lest Münchhausens »Wunderbare Reisen und Abenteuer zu Wasser und zu Lande«! Ich wünsch' euch viel Vergnügen!

Das Pferd auf dem Kirchturm

Meine erste Reise nach Rußland unternahm ich mitten im tiefsten Winter. Denn im Frühling und im Herbst sind die Straßen und Wege in Polen, Kurland und Livland vom Regen so zerweicht, daß man steckenbleibt, und im Sommer sind sie knochentrocken und so staubig, daß man vor lauter Husten nicht vorwärts kommt. Ich reiste also im Winter und, weil es am praktischsten ist, zu Pferde. Leider fror ich jeden Tag mehr, denn ich hatte einen zu dünnen Mantel angezogen, und das ganze Land war so zugeschneit, daß ich oft genug weder Weg noch Steg sah, keinen Baum, keinen Wegweiser, nichts, nichts, nur Schnee.

Eines Abends kletterte ich, steif und müde, von meinem braven Gaul herunter und band ihn, damit er nicht fortliefe, an einer Baumspitze fest, die aus dem Schnee herausschaute. Dann legte ich mich, nicht weit davon, die Pistolen unterm Arm, auf meinen Mantel und nickte ein.

Als ich aufwachte, schien die Sonne. Und als ich mich umgeschaut hatte, rieb ich mir erst einmal die Augen. Wißt ihr, wo ich lag? Mitten in einem Dorf, und noch dazu auf dem Kirchhof! Donner und Doria! dachte ich. Denn wer liegt schon gerne kerngesund, wenn auch ziemlich verfroren, auf einem Dorfkirchhof? Außerdem war mein Pferd verschwunden! Und ich hatte es doch neben mir angepflockt!

Plötzlich hörte ich's laut wiehern. Und zwar hoch über mir! Nanu! Ich blickte hoch und sah das arme Tier am Wetterhahn des Kirchturms hängen! Es wieherte und zappelte und wollte begreiflicherweise wieder herunter. Aber wie, um alles in der Welt, war's denn auf den Kirchturm hinaufgekommen? Allmählich begriff ich, was geschehen war. Also: Das Dorf mitsamt der Kirche war eingeschneit gewesen, und was ich im Dunkeln für eine Baumspitze gehalten hatte, war der Wetterhahn der Dorfkirche gewesen! Nachts war dann das Wetter umgeschlagen. Es hatte getaut. Und ich war, während ich schlief, mit dem schmelzenden Schnee Zentimeter um Zentimeter hinabgesunken, bis ich zwischen den Grabsteinen aufwachte.

Was war zu tun? Da ich ein guter Schütze bin, nahm ich eine meiner Pistolen, zielte nach dem Halfter, schloß ihn entzwei und kam auf diese Weise zu meinem Pferd, das heilfroh war, als es wieder Boden unter den Hufen hatte. Ich schwang mich in den Sattel, und unsre abenteuerliche Reise konnte weitergehen.

Der Schlittenwolf

Da es in Rußland nicht üblich ist, hoch zu Pferde zu reisen, kaufte ich mir einen kleinen Schlitten, spannte mein Pferd vor, und wir trabten guten Muts auf Sankt Petersburg zu. Irgendwo in Estland oder in Ingermanland, so genau weiß ich's nicht mehr, auf alle Fälle aber in einem endlosen, unheimlichen Wald wurde mit einem Male mein Pferd unruhig und raste, wie von wilder Angst gepeitscht, mit mir auf und davon. Ich drehte mich um und erblickte einen riesigen Wolf, der, halb verrückt vor Hunger, hinter uns herjagte und immer näher und näher kam.

Ihm zu entwischen war aussichtslos. Schon war er nur noch fünf Meter hinter uns – da warf ich mich, lang wie ich bin, auf den Boden des Schlittens, ließ die Zügel los, und der Wolf, der eigentlich mich als Mahlzeit ausersehen hatte, sprang über mich weg und verbiß sich wütend in mein Pferd. Das Hinterteil verschlang er, als wär's nicht mehr als ein Stückchen Wurst, und das arme Tier lief vor Schmerz und Schrecken noch schneller als vorher. Als ich nach einiger Zeit wieder hinblickte, sah ich voller Entsetzen, daß sich der Wolf in das Pferd förmlich hineingefressen hatte!

Da setzte ich mich wieder hoch, ergriff die Peitsche und schlug wie besessen auf den Wolf ein. Das behagte ihm gar nicht, und er fraß sich noch schneller vorwärts. Ich schlug und schlug, und plötzlich fiel das Pferd, oder was von ihm noch übrig war, aus dem Geschirr, und der Wolf steckte darin! Mir tut mein Arm heute noch weh, wenn ich daran denke, wie ich stundenlang und pausenlos auf ihn mit der Peitsche eindrosch.

Wir flogen nur so durch den Wald über die Felder, und dann galoppierten wir an den ersten Häusern einer großen Stadt vorbei. Das war St. Petersburg, und die Leute auf den Straßen staunten nicht schlecht. Denn einen Wolf, der einen Schlitten zog, hatten sie noch nicht gesehen!

Der trinkfeste General

Gleich nach meiner Ankunft in Petersburg hatte ich mich um ein Offizierspatent beworben. Doch es dauerte noch einige Zeit, bis ich in die russische Armee eingestellt werden konnte. Und so hatte ich reichlich Zeit und Gelegenheit, mein Geld auszugeben. Bis in die Nacht spielten wir Karten. Ja, und getrunken wurde auch nicht gerade wenig! Denn in Rußland ist es viele Monate kalt, und Trinken macht bekanntlich warm. Wer viel friert, trinkt viel und bekommt allmählich eine erstaunliche Übung darin. Ich lernte Leute kennen, die so viel trinken konnten, daß ich vom bloßen Zusehen einen Rausch kriegte. Was nicht heißen soll, daß ich immer nur zusah.

Am meisten von allen vertrug aber ein General mit grauem Bart und kupferrotem Gesicht. Im Krieg mit den Türken hatte er, bei einem Säbelkampf, die Schädeldecke eingebüßt und behielt deswegen immer, auch wenn wir tafelten, seinen Hut auf. Er leerte während des Essens mindestens drei Flaschen Wodka und hinterdrein noch eine Flasche Arrak. Es kam aber auch vor, daß er zwei Flaschen Arrak trank. Doch soviel er auch trinken mochte – betrunken wurde er nie.

Ich stand vor einem Rätsel, bis ich hinter das seltsame Geheimnis kam. Der General pflegte etwa aller Stunden seinen Hut ein wenig hochzuheben. Und eines Abends bemerkte ich, daß er nicht nur den Hut hochhob, sondern auch eine daran befestigte silberne Platte, die ihm als künstliche Schädeldecke diente. Auf diesem ungewöhnlichen Wege stieg der angesammelte Alkoholdunst wie eine Wolke aus seinem Kopfe hoch, und er war wieder nüchtern wie zu Beginn der Mahlzeit.

Meine Freunde wollten mir nicht glauben. Da trat ich einmal, als er eben den Hut wieder aufgesetzt hatte, hinter ihn und hielt einen Fidibus, den ich an meiner holländischen Pfeife angezündet hatte, mitten in die aufsteigende Alkoholwolke. Das gab ein prächtiges Schauspiel! Denn die Wolke entzündete sich und schwebte, in bläulichem Feuer, wie ein Heiligenschein über dem Hute des alten Herrn!

Alle bestaunten das Wunder. Und auch der General selber fand das kleine Experiment sehr hübsch. Ich durfte es manchmal wiederholen. Es kam sogar vor, daß er mich darum bat und schmunzelnd sagte: »Münchhausen, zünden Sie mich, bitte, wieder einmal an!«

Die Enten an der Schnur und andere Jagdgeschichten

Während der Jagd bemerkte ich eines schönen Morgens ein paar Dutzend Wildenten, die friedlich auf einem kleinen See herumschwammen. Hätte ich eine Ente geschossen, wären die anderen davongeflogen, und das wollte ich natürlich nicht. Da kam mir ein guter Gedanke. Ich dröselte eine lange Hundeleine auf, verknotete die Teile, so daß sie nun viermal so lang war wie vorher, und band an einem Ende ein Stückchen Schinkenspeck fest, das von meinem Frühstück übriggeblieben war.

Dann versteckte ich mich im Schilf und warf vorsichtig meine Leine aus. Schon schwamm die erste Ente herbei und verschlang den Speck. Da er sehr glatt und schlüpfrig war, kam er bald, samt dem Faden, an der Rückseite der Ente wieder heraus. Da kam auch schon die nächste Ente angerudert und verschlang das Speckstückchen. Auch bei ihr tauchte es kurz darauf hinten wieder auf, und so ging es weiter! Der Speck machte seine Reise durch alle Enten hindurch, ohne daß die

Leine riß, und sie waren daran aufgereiht wie die Perlen an einer Schnur.

Ich zog meine Enten an Land, schlang die Leine sechsmal um mich herum und ging nach Hause. Die Enten waren sehr schwer, und ich war schon recht müde, da begannen die Enten, die ja alle noch lebendig waren, plötzlich mit den Flügeln zu schlagen und stiegen in die Luft! Mit mir! Denn ich hatte ja die Leine um mich herumgewickelt! Sie schienen zu dem See zurückfliegen zu wollen, aber ich benutzte meine langen Rockschöße als Ruder, und so mußten die Enten umkehren. Ich steuerte sie landeinwärts, bis wir nicht mehr weit von meiner Wohnung waren. Nun drehte ich der ersten Ente den Hals um, dann der zweiten, schließlich einer nach der andern, und so sank ich, sanft und langsam, auf mein Haus herunter, mitten durch den Schornstein und haargenau auf den Küchenherd, wo die Enten ja hinsollten. Mein Koch staunte nicht schlecht! Zu meinem Glück brannte im Herd noch kein Feuer. Sonst hätte es womöglich Münchhausenbraten gegeben, statt Entenbrust mit Preiselbeeren!

Ein andres Mal, aber im gleichen Jagdrevier, stieß ich ganz unerwartet auf einen kapitalen Hirsch, und ausgerechnet an jenem Morgen hatte ich gerade die letzte Flintenkugel verschossen! Das stattliche Tier schien das zu ahnen und blickte mir, statt auszureißen, beinahe ein bißchen unverschämt ins Gesicht. Weil mich das ärgerte, lud ich meine Büchse mit Pulver, streute eine Handvoll Kirschkerne drauf, die ich in der Rocktasche gehabt hatte, zielte zwischen das Geweih des Hirsches und schoß. Er taumelte, als sei er betäubt, trabte dann aber auf und davon.

Ein oder zwei Jahre danach jagte ich wieder einmal im gleichen Revier, und plötzlich tauchte vor mir ein prächtiger Hirsch auf, mit einem veritablen Kirschbaum zwischen dem Geweih! Warte! Dachte ich, diesmal entkommst du mir nicht! Ich streckte ihn mit einem Blattschuß nieder. Und da sein Kirschbaum voller Kirschen hing, gab es am nächsten Sonntag Hirschrücken mit Kirschtunke. Ich kann euch sagen, es war ein delikates Essen!

Eines Tages fiel mich ein fürchterlicher Wolf an, und zwar so überraschend, daß ich nicht zum Schießen kam. Mir blieb in der Eile nichts andres übrig, als ihm die Faust in den offenen Rachen zu stoßen. Ich stieß immer weiter zu, denn was hätte ich sonst tun sollen? Schließlich hatte ich meinen Arm bis zur Schulter in dem schrecklichen Biest drin. Stirn an Stirn mit einem Wolf, dessen Maul schäumte und dessen flammende Augen vor Mordlust blitzten – nein, sehr wohl war mir nicht! Ganz und gar nicht! Weil ich keinen anderen Ausweg sah, packte ich den Wolf endlich fest bei den Eingeweiden, krempelte sein Inneres nach außen, als wär er ein Handschuh, warf ihn beiseite, ließ ihn im Walde liegen und ging erleichtert meiner Wege.

Mit dem tollen Hunde, der mich tags darauf in einem Petersburger Gäßchen anfiel, hätte ich das nicht probieren mögen. Lauf, was du kannst! dachte ich und rannte, was das Zeug hielt. Währenddem zog ich den Überrock aus und warf ihn auf die Straße. Der Hund fiel über den Rock her, und ich rettete mich in ein Haus.

Später ließ ich dann den Rock durch meinen Bedienten holen und, nachdem er ihn geputzt und ausgebessert hatte, in den Kleiderschrank hängen. Am Nachmittag stürzte der Diener entsetzt in mein Zimmer und rief: »Herr Baron! Der Rock ist toll!« Ich lief mit ihm zum Kleiderschrank. Die meisten Röcke, Hosen und Westen hatte der tollwütige Rock schon zerrissen und zerfetzt. Ich ließ mir eine Pistole bringen und konnte ihn gerade noch, als er über meine kostbarste Galauniform herfallen wollte, totschießen.

Das ist übrigens der einzige in der Medizin bekanntgewordene Fall, daß die Hundetollwut auch Kleider ansteckt.

Einmal jagte ich einen Hasen zwei Tage lang. Mein Hund brachte ihn immer wieder heran, aber ich konnte und konnte nicht zum Schuß kommen. Es grenzte an Hexerei, und obwohl ich nicht an derlei glaube, wußte ich keine andre Erklärung. Endlich traf ich den Hasen. Der Hund apportierte ihn, und was, glaubt ihr, sah ich? Das Tier hatte nicht nur die üblichen vier Läufe, sondern auch noch zwei Vorder- und zwei Hinterläufe auf dem Rücken! Waren die zwei unteren Paare müde, warf er sich wie ein Schwimmer herum und rannte auf dem Rücken weiter. Na, nun war er allerdings tot, und daß er acht Läufe statt ihrer vier hatte, war nur noch für meine Gäste und mich wichtig, die ihn aufaßen. Es war eine Portion mehr.

Daß ich ihn überhaupt hatte schießen können, war im Grunde nicht mein Verdienst, sondern das meines damaligen Hundes. Es war ein Windhund, und er übertraf an Schnelligkeit und Ausdauer alle Hunde, die ich je besessen habe. Er lief so oft, so schnell und so lange, daß er sich mit der Zeit die Beine bis unterm Bauche weglief! Während seiner letzten Lebensjahre konnte ich ihn deshalb nur noch als Dackel gebrauchen. Aber auch als Dachshund war er erstklassig. Und ich werde sein Andenken stets in Ehren halten.

Der halbierte Litauer

Daß ihr den Grafen Przobofsky in Litauen nicht gekannt habt, ist nicht weiter bedauerlich. Aber seinen prachtvollen Landsitz und vor allem sein berühmtes Gestüt zu kennen, hätte sich schon verlohnt. Seine Zuchtpferde, man nannte sie kurzweg die »Litauer«, wurden mit Gold aufgewogen.

Als ich eines schönen Tages bei dem Grafen zum Tee war, ging er mit ein paar Herren in den Hof, um ihnen eines seiner jungen Pferde zu zeigen. Ich blieb im Staatszimmer bei den Damen, um sie mit meinen Geschichten zu unterhalten. Plötzlich hörten wir entsetzte Schreie. Ich eilte treppab in den Hof, wo das Pferd so wild um sich schlug, daß sich ihm niemand zu nähern, geschweige es zu besteigen wagte. Das war mir gerade recht. Mit einem Sprung saß ich auch schon auf seinem Rücken, und in kurzer Zeit parierte es wie ein Lämmchen. Man muß eben reiten können!

Nach einigen Volten zwang ich den Gaul, durch eines der

offenen Fenster ins Staatszimmer zu springen und von dort aus sogar auf den Teetisch, auf dem ich die Levade und andere Kapriolen der Hohen Schule zeigte. Mein Pferdchen machte das alles so geschickt, daß die Damen entzückt waren. Nicht ein einziger Teller ging entzwei. Der Graf war so begeistert, daß er mich bat, den Litauer zum Geschenk anzunehmen. Für den Türkenfeldzug, der unter Feldmarschall Münnich bevorstand.

Als wir die Türken, zwei Monate später, in die Festung Otschakow hineintrieben, befand ich mich bei der Vorhut und geriet durch die Schnelligkeit meines Litauers in des Teufels Küche. Ich war mit Abstand der erste hinterm Feind, und als ich sah, daß er die Festung nicht halten wollte, sondern stracks weiterfloh, hielt ich auf dem Marktplatz an und blickte mich um. Aber weder der Trompeter noch meine anderen Husaren waren zu sehen. So ritt ich den Litauer zum Marktbrunnen und ließ ihn trinken. Er soff ganz unmäßig, als wäre sein Durst überhaupt nicht zu löschen. Schließlich wollte ich ihm einen beruhigenden Klaps auf die Kruppe geben und – schlug ins Leere! Als ich mich verwundert umdrehte, blieb mir der Mund offenstehen! Was meint ihr wohl, was ich sah? Nichts! Das Hinterteil des armen Tieres, das Kreuz und die Flanken, alles war fort und wie abgeschnitten! Und das Wasser, das der Gaul soff und soff, floß hinten einfach wieder heraus!

Während ich noch grübelte, wie das zugegangen sein mochte, kam mein Reitknecht angaloppiert und berichtete mir atemlos folgendes: Als ich hinter dem fliehenden Feinde durch das Festungstor ritt, hatte man gerade das Schutzgatter fallen lassen, und dadurch war das Hinterteil des Pferdes glatt abgeschlagen worden! Es war dann auf eine nahe gelegene Weide getrabt, wo schon andere Pferde grasten. Dort, meinte der Husar, würden wir's wahrscheinlich wiederfinden.

Wie der Wind jagten wir zu der Weide zurück und fanden dort tatsächlich die hintere Hälfte des Litauers, die munter im Gras umhersprang! Da war die Freude groß. Ich ließ auf der Stelle den Regimentshufschmied kommen. Ohne großes Federlesen heftete dieser die beiden Teile mit jungen Lorbeersprossen zusammen, die er zufällig bei der Hand hatte. Die Wunde heilte in ein paar Tagen. Und dann geschah etwas, was einem so ruhmvollen Pferde gut zu Gesicht stand. Die Sprossen wuchsen mit der Zeit und wölbten sich zu einer Art Lorbeerlaube über dem Rücken. Seitdem ritt ich im Schatten seines immergrünen Schmucks durch die Lande, und wir wurden überall gebührend bestaunt.

Übrigens, vor der Festung Otschakow hatte ich mit meinem Husarensäbel so heftig und so lange auf die Türken eingehauen, daß mein Arm, als sie längst über alle Berge waren, ununterbrochen weiterfocht. Um mich nun nicht selber zu schlagen oder Leute, die mir zu nahe kamen, für nichts und wieder nichts zu prügeln, mußte ich den Arm acht Tage ganz fest in einer Binde tragen. Dann war er in Ordnung, und ich habe seitdem nichts mehr davon gemerkt.

Der Ritt auf der Kanonenkugel und andere Abenteuer

Im gleichen Feldzug belagerten wir eine Stadt – ich habe vor lauter Belagerungen vergessen, welche Stadt es war – und Marschall Münnich hätte gerne gewußt, wie es in der Festung stünde. Aber es war unmöglich, durch all die Vorposten, Gräben und spanischen Reiter hineinzugelangen.

Vor lauter Mut und Diensteifer, und eigentlich etwas voreilig, stellte ich mich neben eine unserer größten Kanonen, die in die Stadt hineinschoß, und als sie wieder abgefeuert wurde, sprang ich im Hui auf die aus dem Rohr herauszischende Kugel! Ich wollte mitsamt der Kugel in die Festung hineinfliegen! Während des sausenden Flugs wuchsen allerdings meine Bedenken. Hinein kommst du leicht, dachte ich, aber wie kommst du wieder heraus? Man wird dich in deiner Uniform als Feind erkennen und an den nächsten Galgen hängen!

Diese Überlegungen machten mir sehr zu schaffen. Und als eine türkische Kanonenkugel, die auf unser Feldlager gemünzt war, an mir vorüberflog, schwang ich mich auf sie hinüber und kam, wenn auch unverrichteter Sache, so doch gesund und munter wieder bei meinen Husaren an.

Im Springen über Zäune, Mauern und Gräben war mein Pferd nicht zu schlagen. Hindernisse gab es für uns nicht. Wir ritten immer den geradesten Weg. Als ich einmal einen Hasen verfolgte, der quer über die Heerstraße lief, fuhr zwischen ihm und mir dummerweise eine Kutsche mit zwei schönen Damen vorüber. Da die Kutschenfenster heruntergelassen waren und ich den Hasen nicht aufgeben wollte, sprang ich samt dem Gaul kurz entschlossen durch die Kutsche hindurch! Das ging so schnell, daß ich mit knapper Mühe und Not die Zeit fand, den Hut zu ziehen und die Damen um Entschuldigung zu bitten.

Ein anderes Mal wollte ich mit meinem Litauer über einen Sumpf springen. Bevor ich sprang, fand ich ihn lange nicht so breit wie während des Sprungs. Nun, wir wendeten mitten in der Luft um und landeten mit heiler Haut auf dem Trocknen. Aber auch beim zweiten Anlauf sprangen wir zu kurz und sanken, nicht weit vom andern Ufer, bis an den Hals in den Morast! Und wir wären rettungslos umgekommen, wenn ich mich nicht, ohne mich lange zu besinnen, mit der eignen Hand am eignen Haarzopf aus dem Sumpf herausgezogen hätte! Und nicht nur mich, sondern auch mein Pferd! Es ist manchmal ganz nützlich, kräftige Muskeln zu besitzen.

Trotz meiner Tapferkeit und Klugheit und trotz meines Litauers Schnelligkeit und Ausdauer geriet ich, nach einem Kampf mit einer vielfachen Übermacht, in Kriegsgefangenschaft. Und was noch schlimmer ist: ich wurde als Sklave verkauft! Das war ein rechtes Unglück, und wenn meine Arbeit auch nicht gerade als Schwerarbeit zu bezeichnen war, so war sie nicht nur recht seltsam, sondern auch ein bißchen lächerlich oder ärgerlich, wie man will. Ich mußte nämlich die Bienen des türkischen Sultans jeden Morgen auf die Weide treiben! Dort mußte ich sie, als wären's Ziegen oder Schafe, den ganzen Tag über hüten. Und am Abend mußte ich sie wieder in ihre Bienenstöcke zurückscheuchen.

Eines Abends sah ich nun, daß zwei Bären eine der Bienen angefallen hatten und sie, ihres eingesammelten Honigs wegen, zerreißen wollten. Da ich nichts in der Hand hatte als meine silberne Axt, die das Kennzeichen für die Sultansgärtner ist, so warf ich die Axt mit aller Wucht nach den beiden Räubern. Doch sie traf die Bären nicht, sondern flog an ihnen vorbei, stieg, infolge des gewaltigen Schwungs, höher und höher und fiel erst, wo glaubt ihr, nieder? Auf dem Mond!

Was tun? Wie sollte ich sie wiederkriegen? Wo gab es so lange Leitern? Zum Glück fiel mir ein, daß die türkischen Bohnen in kürzester Frist erstaunlich emporwachsen. Ich pflanzte sofort eine solche Bohne, und sie wuchs doch tatsächlich bis zum Monde hinauf und rankte sich um die eine Spitze der Mondsichel! Nun war es eine Kleinigkeit, hinaufzuklettern, und eine halbe Stunde später fand ich auch meine Axt wieder, die auf einem Haufen Spreu und Häcksel lag.

Ich war heilfroh und wollte schleunigst in die Türkei zurückklettern, aber ach! die Sonnenhitze hatte meine Kletterbohne völlig ausgetrocknet, und sie war zu nichts mehr zu gebrauchen! Ohne langes Federlesen flocht ich aus dem Mondhäcksel einen Strick, den ich an einem der Mondhörner festband. Dann ließ ich mich vorsichtig hinunter. Nach einiger Zeit hieb ich mit meiner silbernen Axt das überflüssig gewordene Stück über mir ab und knüpfte es unter mir wieder an. Das ging eine ganze Weile gut, aber mit einem Male, als ich noch in den Wolken hing, riß der Strick! Und ich stürzte mit solcher Gewalt auf Gottes Erdboden, daß ich etwa zehn Meter tief in die Erde hineinfiel! Mir taten alle Knochen weh. Doch nachdem ich mich etwas erholt hatte, grub ich mir mit den Fingernägeln, die ich glücklicherweise zehn Jahre nicht geschnitten hatte, eine Treppe ins Erdreich, stieg auf dieser hoch und kehrte zu meinen Bienen zurück.

Das nächste Mal fing ich's mit den Bären gescheiter an. Ich bestrich die Deichsel eines Erntewagens mit Bienenhonig und legte mich nicht weit davon in den Hinterhalt. Was ich erwartete, trat ein. Vom Duft des Honigs angelockt, erschien bald darauf ein riesiger Bär und begann an der Deichselspitze so gierig zu lecken, daß er sich nach und nach die ganze Deichselstange durch den Rachen, den Magen und den Bauch hindurch und am Hinterteil wieder herausleckte. Er stak wie am Spieße. Nun lief ich rasch hinzu, steckte durch das vordere Deichselende einen Pflock und ließ Meister Petz bis zum nächsten Morgen zappeln. Der Sultan, der zufällig vorbeispazierte, wollte sich fast totlachen.

Kurz darauf schlossen die Russen und die Türken Frieden, und ich wurde als einer der ersten Gefangenen ausgeliefert und nach Petersburg zurückgeschickt. Dort nahm ich meinen Abschied und kehrte nach Deutschland zurück. Es war ein so strenger Winter, daß sogar die Sonne Frostbeulen bekam, und ich fror noch viel mehr als auf der Hinreise.

Da mein Litauer von den Türken beschlagnahmt worden war, mußte ich mit der Schlittenpost reisen. In einem Hohlweg, der kein Ende nehmen wollte, bat ich den Postillon, mit seinem Horn ein Signal zu blasen, damit wir nicht etwa mit einem uns entgegenkommenden Fuhrwerk zusammenstießen. Er setzte das Posthorn an die Lippen und blies aus Leibeskräften hinein. Aber sosehr er sich anstrengte, es kam kein Ton heraus! Trotzdem erreichten wir die nächste Poststation gesund und munter, und beschlossen, Rast zu machen und uns von den Strapazen zu erholen. Der Postillon hängte sein Horn an einen Nagel beim Küchenfeuer. Und wir setzten uns zum Essen.

Auf einmal erklang's »Tereng, tereng, tereng, tengteng!« Wir sperrten die Ohren auf und machten große Augen. Dann merkten wir, warum der Postillon nicht hatte blasen können. Die Töne waren in dem Horn festgefroren! Nun tauten sie nach und nach auf, und es wurde ein richtiges Tafelkonzert daraus. Wir hörten unter anderem »Ohne Lieb' und ohne Wein«, »Gestern abend war Vetter Michel da«, und sogar das schöne Abendlied »Nun ruhen alle Wälder«.

So endete der Spaß mit dem Posthorn, und damit endet zugleich meine russische Reisegeschichte. Sollten womöglich einige Leser glauben, ich hätte bis hierher dann und wann gelogen, so rate ich ihnen in ihrem eigensten Interesse, das Buch zuzuschlagen. Denn auf der nächsten Seite bereits folgen Abenteuer, die noch wunderbarer als die bisherigen, aber ebenso wahr sind.

Die Wette mit dem Sultan

Nach Jahren kam ich wieder in die Türkei. Diesmal aber nicht als Kriegsgefangener, sondern als Mann von Rang und Namen. Einige Botschafter stellten mich dem Sultan vor, der mich beiseite nahm und bat, einen ebenso wichtigen wie geheimen Auftrag für ihn in Kairo zu erledigen. Ich sagte zu und reiste kurz danach mit Pomp und Gefolge ab.

Kaum hatten wir Konstantinopel verlassen, sah ich einen kleinen, dünnen Mann rasch wie ein Wiesel querfeldein rennen, und als er näher kam, entdeckte ich zu meinem Befremden, daß er an jedem Bein ein Bleigewicht von gut fünfzig Pfund trug. »Wohin so schnell?« rief ich. »Und was sollen die Gewichte?« »Ach«, meinte er, »ich bin vor einer halben Stunde in Wien weggelaufen und will mir in Konstantinopel eine neue Stellung suchen. Die Bleigewichte trag ich nur, damit ich nicht zu schnell renne. Ich hab ja heute keine Eile.« Der Mann gefiel mir. Ich fragte, ob er mit mir reisen wolle. Und da wir rasch handelseinig wurden, zog er mit uns weiter. Durch manche Stadt und durch manches Land.

Eines Tages sah ich, nicht weit vom Weg, einen Mann in einer Wiese liegen. Er preßte sein Ohr auf den Boden, als wolle er die Maulwürfe bei ihrer Unterhaltung belauschen. Als ich ihn fragte, was er da treibe, gab er zur Antwort: »Ich höre das Gras wachsen.« »Das kannst du?« fragte ich. »Eine Kleinigkeit für mich«, meinte er achselzuckend. Ich engagierte ihn auf der Stelle. Leute, die das Gras wachsen hören, kann man immer einmal brauchen.

An diesem Tage hatte ich überhaupt Glück. Auf einem Hügel gewahrte ich einen Jäger, der das Gewehr angelegt hatte und damit Löcher in die Luft schoß. »Was soll das?« fragte ich. »Wonach zielst und schießt du?« »Ach«, sagte er, »ich probiere nur das neue Kuchenreutersche Gewehrmodell aus. Auf der Turmspitze des Straßburger Münsters saß eben noch ein kleiner Sperling. Den hab ich heruntergeschossen.« Daß ich den Jäger mitnahm, versteht sich von selbst.

Wir zogen weiter und weiter, und eines Tages kamen wir am Libanongebirge vorüber. Dort stand, vor einem Zedernwald, ein untersetzter, kräftiger Bursche und zerrte an einem Strick, den er um den ganzen Wald geschlungen hatte. »Was soll das?« fragte ich erstaunt. »Ach«, sagte er, »ich soll Holz holen und habe die Axt zu Hause liegenlassen!« Mit diesen Worten riß er auch schon den Wald, mindestens einen Hektar im Umfang, nieder. Was tat ich? Natürlich nahm ich ihn mit. Er verlangte eine ziemlich hohe Schwerarbeiterzulage, aber ich hätte ihn nicht auf dem Libanon gelassen, auch wenn es mich mein ganzes Botschaftergehalt gekostet hätte.

Als ich endlich in Ägypten eintraf, erhob sich mit einem Male ein solcher Sturm, daß wir samt Pferden und Wagen umgeworfen und fast in die Luft gehoben wurden? In der Nähe standen sieben Windmühlen, deren Flügel sich wie verrückt um ihre Achsen drehten. Nicht weit davon lehnte ein dicker Kerl, der sich mit dem Zeigefinger das rechte Nasenloch zuhielt. Als er uns in dem Sturm zappeln und krabbeln sah, nahm er den Finger von der Nase und zog höflich den Hut. Mit einem Schlag regte sich kein Lüftchen mehr, und alle sieben Windmühlen standen still. »Bist du des Teufels?« rief ich ärgerlich. »Entschuldigen Sie vielmals, Exzellenz«, sagte er, »ich mach nur für den Windmüller ein bißchen Wind. Wenn ich mir nicht das rechte Nasenloch zugehalten hätte, stünden die Windmühlen gar nicht mehr auf ihrem alten Platz.« Ich engagierte ihn auf der Stelle.

Wir zogen weiter nach Kairo. Als ich mich dort meines geheimen Auftrags entledigt hatte, entließ ich das gesamte Gefolge und behielt nur den Schnelläufer, den Horcher, den Jäger, den starken Burschen vom Libanon und den Windmacher in meinen Diensten.

Beim Sultan stand ich nach der ägyptischen Reise in noch viel höherer Gunst als vorher. Jeden Mittag und Abend aßen wir zusammen, und ich muß sagen, daß seine Küche besser war als die aller übrigen Herrscher, mit denen ich gespeist habe. Aber mit den Getränken sah es bitter aus, o jeh! Denn die Mohammedaner dürfen bekanntlich keinen Wein trinken. Das bereitete mir keinen geringen Kummer. Und, wie mir schien, dem Sultan selber auch.

Eines Tages gab er mir nach dem Essen einen verstohlenen Wink, ihm in ein kleines Kabinett zu folgen. Nachdem er die Tür abgeriegelt hatte, holte er aus einem Schränkchen eine Flasche hervor und sagte: »Das ist meine letzte Flasche ungarischen Tokayers. Die Christen verstehen etwas vom Trinken, und Sie, Münchhausen, erst recht. Nun, so etwas Delikates haben Sie in Ihrem ganzen Leben noch nicht getrunken!«

Er schenkte uns beiden ein, wir tranken, und er meinte: »Was halten Sie davon?« »Ein gutes Weinchen«, antwortete ich, »trotzdem steht fest, daß ich in Wien, bei Kaiser Karl dem Sechsten, ein noch viel besseres getrunken habe. Das sollten Majestät einmal versuchen!« »Ihr Wort in Ehren, Baron. Aber einen besseren Tokayer gibt es nicht! Ich bekam ihn seinerzeit von einem ungarischen Grafen geschenkt, und er schwor mir, es sei der beste weit und breit!«

»Was gilt die Wette?« rief ich. »Ich schaffe in einer Stunde eine Flasche aus den kaiserlichen Kellereien in Wien herbei, und dann sollen Sie Augen machen!« »Münchhausen, Sie faseln!« »Ich fasle nicht, Majestät! In sechzig Minuten wird eine Flasche aus dem kaiserlichen Keller in Wien hier vor uns auf dem Tische stehen, und gegen diesen Wein ist der Ihre der reinste Krätzer!«

Der Sultan drohte mir mit dem Finger. »Sie wollen mich

zum besten haben, Münchhausen! Das verbitte ich mir! Ich weiß, daß Sie es mit der Wahrheit sehr genau zu nehmen pflegen. Doch jetzt schwindeln Sie, Baron!« »Machen wir die Probe!« sagte ich. »Wenn ich mein Wort nicht halte, dürfen mir Kaiserliche Hoheit den Kopf abschlagen lassen! Und mein Kopf ist ja schließlich kein Pappenstiel! Was setzen Sie dagegen?«

»Ich nehme Sie beim Wort«, erwiderte der Sultan. »Foppen lasse ich mich auch von meinen Freunden nicht gern. Steht die Flasche Schlag vier nicht auf diesem Tisch, kostet es Sie den Kopf. Wenn aber Sie die Wette gewinnen, dürfen Sie aus meiner Schatzkammer so viel Gold, Silber, Perlen und Edelsteine nehmen, wie der stärkste Mann nur zu schleppen vermag!«

»Topp!« rief ich. »Das läßt sich hören!« Dann bat ich um Tinte und Feder und schrieb an die Kaiserin Maria Theresia folgenden Brief: »Ihre Majestät haben als Universalerbin Ihres höchstseligen Herrn Vaters gewiß auch dessen Weinkeller geerbt. Dürfte ich darum bitten, meinem Boten eine Flasche Tokayer mitzugeben? Doch, bitte, nur von dem allerbesten! Denn es handelt sich um eine Wette, bei der ich nicht den Kopf verlieren möchte. Im voraus herzlichen Dank! Ihr sehr ergebener Münchhausen.«

Das Briefchen gab ich meinem Schnelläufer. Er schnallte seine Bleigewichte ab und machte sich augenblicklich auf die Beine. Es war fünf Minuten nach drei. Der Sultan und ich tranken dann den Rest seiner Flasche aus und schauten gelegentlich nach der Wanduhr hinüber. Es wurde Viertel vier. Es wurde halb vier. Als es drei Viertel vier schlug, ohne daß sich mein Läufer blicken ließ, wurde mir allmählich schwül zumute. Der Sultan blickte bereits verstohlen auf die Glockenschnur. In kurzer Zeit würde er nach dem Henker läuten.

Ich bat um die Erlaubnis, in den Garten gehen zu dürfen. Der Sultan nickte, gab aber ein paar Hofbeamten den Auftrag, mir auf den Fersen zu bleiben. Drei Uhr und fünfundfünfzig Minuten wurde ich so nervös, daß ich nach meinem Horcher und dem Jäger schickte. Der Horcher warf sich platt auf die Erde und erklärte kurz darauf, daß der Läufer, weit weg von hier, im tiefsten Schlaf läge und aus Leibeskräften schnarche!

Der Schütze rannte auf eine hochgelegene Terrasse, sah durchs Gewehrvisier und rief außer sich: »Wahrhaftig, da liegt er! Unter einer Eiche bei Belgrad! Und die Flasche mit Tokayer liegt neben ihm! Warte, mein Lieber!« Dann zielte er und schoß in die Luft. Was geschah? Die Kugel traf die Eiche, unter welcher der Bursche schnarchte. Blätter, Zweige und Eicheln prasselten ihm aufs Gesicht. Er sprang auf, nahm die Flasche, raste los und langte drei Minuten vor vier vor des Sultans Kabinett an! Mir fiel ein Stein vom Herzen.

Der Sultan probierte sofort den Tokayer. Dann meinte er: »Ich hab die Wette verloren, Münchhausen.« Nachdem er die Flasche in seinem Schränkchen fest verschlossen hatte, klingelte er dem Schatzmeister und sagte: »Mein Freund Münchhausen darf so viel aus der Schatzkammer mitnehmen, wie der stärkste Mann forttragen kann!« Der Schatzmeister verneigte sich mit der Nase bis zur Erde. Mir aber schüttelte der Sultan die Hand. Dann entließ er uns beide.

Jetzt galt es, keine Zeit zu verlieren. Ich rief meinen starken Mann und eilte mit ihm in die Schatzkammer. Er schnürte mit langen Stricken ein riesiges Bündel zusammen. Was er nicht unterbrachte, war kaum der Rede wert. Daraufhin rannten wir zum Hafen, mieteten das größte Segelschiff, das zu haben war, wanden den Anker hoch und suchten das Weite. Das war dringend nötig. Denn als der Sultan hörte, was für einen Streich ich ihm gespielt hatte, befahl er dem Groß-Admiral, mit der ganzen Flotte auszulaufen und mich und das Schiff einzufangen!

Wir waren kaum zwei Meilen von der Küste entfernt, als ich die türkische Kriegsflotten mit vollen Segeln näher kommen sah. Und ich muß gestehen, daß mein Kopf von neuem zu wackeln anfing. Da sagte mein Windmacher: »Keine Bange, Exzellenz!« Er trat auf das Hinterdeck und hielt den Kopf so, daß das rechte Nasenloch auf die türkische Flotte und das linke auf unsere Segel gerichtet war. Und dann blies er so viel Wind und Sturm durch die Nase, daß die Flotte, mit zerbrochnen Masten und zerfetzten Segeln, in den Hafen zurückgejagt wurde und daß unser Schiff wie auf Flügeln dahinschoß und bereits drei Stunden später in Italien eintraf.

Die zweite Mondreise

Erinnert ihr euch noch, wie ich auf den Mond klettern mußte, um meine silberne Axt wieder zu holen? Nun, später geriet ich ein zweites Mal auf den Mond, freilich auf viel angenehmere Art und Weise. Ein entfernter Verwandter von mir, ein sehr wohlhabender Mann, plante eine Expedition. Es müsse, sagte er, ein Land geben, dessen Einwohner solche Riesen seien wie die im Königreich Brobdingnac, von dem Gulliver berichtet hat. Er wolle dieses Land finden, und ich solle ihn begleiten. Ich hielt zwar das Ganze für ein Märchen, aber er hatte mich, wie ich wußte, als Erben eingesetzt, und so war ich ihm schon eine kleine Gefälligkeit schuldig.

Wir fuhren also los und kamen bis in die Südsee, ohne daß uns etwas Nennenswertes begegnet wäre, wenn man von ein paar fliegenden Männern und Frauen absieht, die in der Luft Menuett tanzten. Erst am achtzehnten Tage, nachdem wir die Insel Otaheiti passiert hatten, begannen die Abenteuer, und zwar mit einem unheimlichen Orkan, der unser Schiff, etwa tausend Meilen hoch, in die Luft hob. Dort oben, über den Wolken, segelten wir dann sechs Wochen und einen Tag, bei stetiger Brise, dahin, bis wir ein großes Land entdeckten. Es war rund und glänzend und glich einer schimmernden Insel. Wir gingen in einem bequemen Hafen vor Anker und an Land. Tief unter uns sahen wir, mit unseren Fernrohren, die Erdkugel mit ihren Seen, Flüssen, Bergen und Städten, winzig wie Spielzeug.

Die Insel, das merkten wir bald, war der Mond. Die Bewohner ritten auf dreiköpfigen Geiern durch die Luft, als seien es Pferde. Da gerade Krieg war, und zwar mit der Sonne, bot mir der Mondkönig eine Offiziersstelle an. Ich lehnte aber ab, als ich hörte, daß man statt Wurfspießen große weiße Rettiche nähme und Pilze als Schilde. So ein vegetarischer Krieg, sagte ich, sei nichts für mich.

Außer den Mondriesen traf ich auch Bewohner des Hundssterns. Sie reisen als rührige Kaufleute durchs ganze Weltall, sehen wie große Bullenbeißer aus und haben die Augen links und rechts unter der Nase. Da die Augen lidlos sind, decken die Leute beim Schlafengehen die Augen mit der Zunge zu. Die Hundssternbewohner messen im Durchschnitt zwanzig, die Mondmenschen sogar sechsunddreißig Fuß. Sie heißen aber nicht Mondmenschen, sondern »kochende Geschöpfe«, weil sie ihre Speisen, genau wie wir, auf dem Herd zubereiten. Das Essen kostet sie wenig Zeit. Sie öffnen einfach ihre linke Seite und schieben die Mahlzeit direkt in den Magen. Das geschieht außerdem nur einmal im Monat, also zwölfmal im Jahr. Auch sonst haben sie ein recht bequemes Leben. Die Tiere, aber auch die »kochenden Geschöpfe« selber wachsen auf Bäumen, in sechs Fuß langen, nußähnlichen Früchten, die man, wenn sie reif sind, pflückt, einige Zeit lagert und schließlich in heißes Wasser wirft. Nach ein paar Stunden springen dann die fertigen Geschöpfe heraus. Jedes der Wesen ist schon vor der Geburt auf seinen künftigen Beruf vorbereitet, ob nun als Soldat, Professor, Pfarrer oder Bauer, und beginnt sofort nach der Geburt den vorbestimmten Beruf auszuüben.

Sie haben an jeder Hand nur einen Finger, tragen den Kopf unter dem rechten Arm und lassen ihn, wenn sie auf Reisen oder zur Arbeit gehen, normalerweise zu Hause. Sie können's aber auch umgekehrt machen, den Kopf fortschicken und den Körper daheim lassen. Die Augen können sie in die Hand nehmen und dann damit genau so gut sehen, als hätten sie die Augen im Kopfe. Wenn sie eins verlieren, macht das nichts. Man kann sich ein neues in Spezialgeschäften kaufen, in jeder Farbe und gar nicht teuer. Als ich auf dem Mond war, waren gerade gelbe Augen Mode.

Ehe ich es vergesse: der Bauch dient den Mondleuchten als Rucksack und Handtasche. Sie stecken alles, was sie mitnehmen in ihn hinein wie in einen Schulranzen und können ihn nach Belieben auf- und zumachen. Und wenn sie alt geworden sind, so sterben sie nicht, sondern lösen sich in Luft auf und verfliegen wie Rauch überm Dach.

Ich muß zugeben, daß das alles recht seltsam klingen mag. Aber es hat trotzdem seine Richtigkeit, und wer auch nur im geringsten daran zweifelt, braucht nur auf den Mond zu reisen und meine Angaben nachzuprüfen. Dann wird er mir abbitten und bestätigen, daß ich von der Wahrheit so wenig abgewichen bin wie kein anderer Mondreisender sonst. Faustdicke Lügen aufzutischen, war mir mein Leben lang verhaßt. Ich kann's nicht ändern. So, und nun will ich ein Glas Punsch trinken. In meinem Zwölfliterglas. Prosit!

DIE SCHILDBÜRGER

Waren die Schildbürger wirklich so dumm, wie sie taten?

Im Mittelalter, damals, als man das Schießpulver noch nicht erfunden hatte, lag mitten in Deutschland eine Stadt, die Schilda hieß und ihre Einwohner nannte man deshalb die Schildbürger. Das waren merkwürdige Leute. Alles, was sie anpackten, machten sie verkehrt. Und alles, was man ihnen sagte, nahmen sie wörtlich. Wenn zum Beispiel ein Fremder ärgerlich ausrief: »Ihr habt ja ein Brett vorm Kopf!« griffen sie sich auch schon an die Stirn und wollten das Brett wegnehmen. Und meinte ein anderer ungeduldig: »Bei euch piept es ja!«, so sperrten sie neugierig die Ohren auf, lauschten drei Minuten und antworteten dann gutmütig: »Das muß ein Irrtum sein, lieber Mann. Wir hören nichts piepen.«

Soviel Dummheit brachte manchen durchreisenden Kaufmann der Verzweiflung nahe. Andre wieder lachten sich darüber halbtot. Und mit der Zeit lachte, zu guter letzt, das ganze Land. Kam jemand von einer längeren Reise zurück, so fragte man ihn auch schon, kaum daß er sich die staubigen Stiefel ausgezogen hatte: »Was gibt's Neues in Schilda! Erzähle!« Und wenn er dann, beim Braunbier, den neuesten Schildbürgerstreich auftischte, hielt sich die vergnügte Runde die Bäuche. »Nein«, riefen sie, »wie kann man nur so dumm sein!«

An dieser Stelle muß ich euch ein Geheimnis anvertrauen. Es heißt: So dumm kann man *nicht* sein! Daraus folgt einwandfrei, daß auch die Schildbürger nicht so dumm waren, sondern daß sie sich nur so dumm *stellten!* Das ist natürlich ein großer Unterschied! Wer nicht weiß, daß zwei mal zwei vier ist, der ist dumm, und ihm ist schwer zu helfen. Wer es aber weiß und trotzdem antwortet, zwei mal zwei sei fünf, der verstellt sich. So ähnlich wie er machten es die Schildbürger. Und wer unter euch scharf nachdenken kann, der wird mich etwas ganz Bestimmtes fragen wollen. Nun? Was wird er fragen wollen? »Warum stellten sich die Schildbürger eigentlich so dumm? Warum und wozu? Was hatten sie davon?« Ganz recht. Was hatten sie davon? Wer läßt sich schon gern vom ganzen Lande auslachen? Wer ist schon gerne, und noch dazu freiwillig so dumm wie Bohnenstroh? Außer den Schildbürgern wüßte ich niemanden. Und damit ihr sie versteht, muß ich erst einmal erzählen, wie ihre Dummheit zustande kam. Die Geschichte ist ein bißchen verzwickt. Ich kann's nicht ändern. Paßt also gut und genau auf!

Lange, sehr lange bevor die Schildbürger durch ihre sprichwörtliche Dummheit berühmt wurden, waren sie, im Gegenteil, fleißig, tüchtig, beherzt und aufgeweckt. Ja, sie waren sogar tüchtiger und gescheiter als die meisten anderen Leute. Das sprach sich bald herum. Und wenn man sich anderswo keinen Rat mehr wußte, schickte man einen berittenen Boten nach Schilda, daß er Ratschläge einhole. Am Ende kamen allwöchentlich mindestens zwei Gesandte aus fernen Reichen und Ländern, brachten prächtige Geschenke von Königen, vom Kaiser und vom Sultan und baten, Schilda möge ihnen den einen oder anderen klugen Einwohner als Minister, Bürgermeister oder Oberlandesgerichtsdirektor ausleihen. So gingen immer mehr Schildbürger ins Ausland, erwarben sich draußen Rang, Ehren und Orden und sandten regelmäßig Geld nach Hause.

Ruhm, Geld und Titel sind ganz gut und ganz schön. Aber in Schilda selbst ging es mittlerweile drunter und drüber. Da die Männer nicht daheim waren, mußten, statt ihrer, die Frauen pflügen, säen und ernten. Die Frauen mußten die Pferde beschlagen und das Vieh schlachten. Die Frauen mußten die Kinder unterrichten, die Steuern einkassieren, die Ernte verkaufen, den Marktplatz pflastern, die Zähne ziehen, das Korn mahlen, die Schuhe besohlen, die Semmeln backen, die Bäume fällen, die Predigten halten, die Scheunen ausbessern, die Diebe einsperren, die Glocken läuten, die Bretter hobeln, den Wein keltern, die Brunnen graben, die Wiesen mähen, die Dächer decken und abends im Wirtshaus »Zum Roten Ochsen« sitzen. Das war zuviel! Das Vieh verkam. Die Ernte verfaulte. Es regnete durch die Dächer. Auf dem Marktplatz wuchsen Brennesseln. Die Uhr am Kirchturm ging vier Stunden nach. Die Kinder wurden frech und blieben dumm. Und die armen Frauen wurden vor lauter

Sorgen, Mühen und Tränen häßlich und vor der Zeit krumm und alt. Da schrieben sie ihren Männern einen wütenden Brief, worin zu lesen stand, warum und wieso sie nicht länger ein noch aus wüßten, und die Männer sollten sich schleunigst heimscheren!

Da kriegten die Männer einen Heidenschreck, verabschiedeten sich hastig von ihren tiefbetrübten Königen und Kurfürsten und vom Sultan und fuhren, aus allen Himmelsrichtungen, mit der Extrapost nach Hause zurück. Hier schlugen sie erst einmal die Hände überm Kopf zusammen. Sie kannten ihr Schilda gar nicht wieder. Die Fensterscheiben waren zersprungen. Im Hausflur wuchs Moos. Die Wagenräder quitschten. Die Kinder streckten die Zunge heraus. Und der Wind wehte die Ziegel vom Dach. »Das habt ihr von eurer Gescheitheit!« sagten die Frauen ärgerlich. Und die Männer gingen, ohne ein Wort zu sagen, ins Bett.

Ein paar Tage später trafen sie sich im »Roten Ochsen«, tranken Bier, klagten einander ihr Leid und kratzten sich hinter den Ohren. Draußen vorm Gasthof standen schon wieder fünf Gesandte aus fremden Ländern und baten um Gehör. »Schickt sie weg!« sagte der Ochsenwirt. »Diesmal können wir unsern guten Rat selber brauchen. Das Hemd ist auch uns näher als der Rock.« Dann steckte er den Kopf durchs Fenster und rief: »Wir haben leider alle den Keuchhusten!« Da kletterten die fünf Gesandten auf ihre fünf Pferde und machten sich aus dem Staube. Denn Keuchhusten ist, wie jedes Kind weiß, ansteckend. So hatten die Schildbürger ihre Ruhe, bestellten die nächste Runde Bier, bliesen den Schaum vom Glas und dachten angestrengt nach.

Beim sechsten Glase wischte sich der Schweinehirt den Schnurrbart und sagte: »Ich hab's!« Er war lange Zeit Stadtbaumeister in Pisa gewesen, hatte dort den bekannten Schiefen Turm erbaut und galt auch sonst für sehr tüchtig. »Ich hab's!« sagte er noch einmal. »Die Klugheit war an allem schuld. Und nur die Dummheit kann uns retten.« Weil sie ihn zweifelnd anschauten, fuhr er fort: »Uns bleibt kein andrer Ausweg. Wir müssen uns dummstellen. Sonst lassen uns die Könige, der

Kaiser und der Sultan nicht in Ruhe.« »Aber wie stellt man sich dumm?« fragte der Grobschmied. »Es wird nicht ganz leicht sein«, antwortete der Schweinehirt. »Dumm zu scheinen, ohne dumm zu sein, verlangt viel Scharfsinn. Nun, wir sind gescheite Leute, und so werden wir's schon schaffen.« »Bravo!« rief der Schneidermeister. »Dummsein ist mal was andres!« Und auch den übrigen gefiel der Vorschlag des Schweinehirten ausgezeichnet.

Die nächsten zwei Monate übten sie das Sichdummstellen ganz im geheimen. Dann erst traten sie mit ihrem ersten Streich ans Licht der Öffentlichkeit: mit dem Bau ihres neuen dreieckigen Rathauses. Das machte ihnen einen diebischen Spaß. Nur der Schulmeister hatte Bedenken. »Denn«, sagte er, »wer sich gescheit stellt, wird davon noch lange nicht richtig gescheit. Wer sich aber lange genug dummstellt, der wird, fürchte ich, eines Tages wirklich dumm.« Als ihn die anderen auslachten, rief er ärgerlich: »Da habt ihr's! Es fängt schon an!« »Was fängt schon an?« fragte der Hufschmied neugierig. »Eure Dummheit!« rief der Schulmeister. Da lachten sie ihn aus.

Die Schildbürger bauen ein Rathaus

Der Plan, das neue Rathaus nicht viereckig, sondern dreieckig zu bauen, stammte vom Schweinehirten. Er hatte, wie schon gesagt, den Schiefen Turm von Pisa erbaut, der mittlerweile eine Sehenswürdigkeit geworden war, und erklärte stolz: »Ein dreieckiges Rathaus ist noch viel sehenswerter als ein schiefer Turm. Deshalb wird Schilda noch viel berühmter werden als Pisa!« Die andern hörten das mit großem Behagen. Denn auch die Dummen werden gerne berühmt. Das war im Mittelalter nicht anders als heute.

So gingen also die Schildbürger schon am nächsten Tage morgens um sieben an die Arbeit. Und sechs Wochen später hatten sie die drei Mauern aufgebaut. In der dem Marktplatz zugekehrten Breitseite war ein großes Tor ausgespart worden. Und es fehlte nur noch das Dach. Nun, auch das Dach kam bald zustande, und am Sonntag darauf fand die feierliche Einweihung des neuen Rathauses statt.

Sämtliche Einwohner erschienen in ihren Sonntagskleidern und begaben sich, mit dem Schweinehirten an der Spitze, in das weißgekalkte, dreieckige Gebäude. Doch sie waren noch nicht an der Treppe, da purzelten sie auch schon durcheinander, stolperten über fremde Füße, traten irgendwem auf die Hand, stießen mit den Köpfen zusammen und schimpften wie die Rohrspatzen. Die drin waren, wollten wieder heraus. Die draußen standen, wollten unbedingt hinein. Es gab ein fürchterliches Gedränge! Endlich landeten sie alle, wenn auch zerschunden und mit Beulen und blauen Flecken, wieder im Freien, blickten einander ratlos an und fragten aufgeregt: »Was war denn eigentlich los?« Da kratzte sich der Schuster hinter den Ohren und sagte: »In unserm Rathaus ist es finster!« »Stimmt!« riefen die andern. Als aber der Bäcker fragte: »Und woran liegt das?« wußten sie lange keine Antwort. Bis der Schneider schüchtern sagte: »Ich glaube, ich hab's.« »Nun?« »In unserm neuen Rathaus«, fuhr der Schneider bedächtig fort, »ist kein Licht!« Da sperrten sie Mund und Nase auf und nickten zwanzigmal. Der Schneider hatte recht. Im Rathaus war es finster, weil kein Licht drin war!

Am Abend trafen sie sich beim Ochsenwirt, tranken eins und beratschlagten, wie man Licht ins Rathaus hineinschaffen könne. Es wurden eine ganze Reihe Vorschläge gemacht. Doch sie gefielen ihnen nicht besonders. Erst nach dem fünften Glas Braunbier fiel dem Hufschmied das Richtige ein. »Das Licht ist ein Element wie das Wasser«, sagte er nachdenklich. »Und da man das Wasser in Eimern ins Haus trägt, sollten wir's mit dem Licht genau so machen!« »Hurra!« riefen sie alle. »Das ist die Lösung!«

Am nächsten Tag hättet ihr auf dem Marktplatz sein müssen! Das heißt, ihr hättet gar keinen Platz gefunden. Überall standen Schildbürger mit Schaufeln, Spaten, Besen und Mistgabeln und schaufelten den Sonnenschein in Eimer und Kessel, Kannen, Töpfe, Fässer und Waschkörbe. Andre hielten große, leere Kartoffelsäcke ins Sonnenlicht, banden dann die Säcke geschwind mit Stricken zu und schleppten sie ins Rathaus. Dort banden sie die Säcke auf, schütteten das Licht ins Dunkel und rannten wieder auf den Markt hinaus, wo sie die leeren Säcke von neuem aufhielten und die Eimer und Fässer und Körbe wieder vollschaufelten. Ein besonders Schlauer hatte eine Mausefalle aufgestellt und fing das Licht in der Falle. So trieben sie es bis zum Sonnenuntergang. Dann wischten sie sich den Schweiß von der Stirn und traten gespannt durch das Rathaustor. Sie hielten den Atem an. Sie sperrten die Augen auf. Aber im Rathaus war es noch genau so dunkel wie am Tag zuvor. Da ließen sie die Köpfe hängen und stolperten wieder ins Freie.

Wie sie so auf dem Markt herumstanden, kam ein Landstreicher des Wegs und fragte, wo es denn fehle. Sie erzählten ihm ihr Mißgeschick, und daß sie nicht ein noch aus wüßten. Er merkte, daß es mit ihrer Gescheitheit nicht weit her sein konnte, und sagte: »Kein Wunder, daß es in eurem Rathaus finster ist! Ihr müßt das Dach abdecken!« Sie waren sehr verblüfft. Und der Schweinehirt meinte: »Wenn dein Rat gut sein sollte, darfst du bei uns in Schilda bleiben, solange du willst.« »Jawohl«, fügte der Ochsenwirt hinzu, »und essen und trinken darfst du bei mir umsonst!« Da rieb sich der Landstreicher die Hände, ging ins Wirtshaus und bestellte eine Kalbshaxe mit Kartoffelsalat und eine Kanne Bier.

Tags darauf deckten die Schildbürger das Rathausdach ab, und o Wunder! mit einem Male war's im Rathaus sonnenhell! Jetzt konnten sie endlich ihre Ratssitzungen abhalten, Schreibarbeiten erledigen, Gemeindewiesen verpachten, Steuern einkassieren und alles übrige besorgen, was während der Finsternis im Rathaus liegengeblieben war. Da es damals Sommer war und ein trockner Sommer obendrein, störte es nicht weiter, daß sie kein Dach überm Kopf hatten. Und der Landstreicher lebte auf ihre Kosten im Gasthaus, tafelte mittags und abends, was das Zeug hielt, und kriegte einen Bauch.

Das ging lange Zeit gut. Bis im Herbst graue Wolken am

Himmel heraufzogen und ein Platzregen einsetzte. Es hagelte sogar. Und die Schildbürger, die gerade in ihrem Rathaus ohne Dach saßen, wurden bis auf die Haut naß. Dem Hufschmied sauste ein Hagelkorn, groß wie ein Taubenei, aufs Nasenbein. Der Sturm riß fast allen die Hüte vom Kopf. Und sie rannten durchnäßt nach Hause, legten sich ins Bett, tranken heißen Fliedertee und niesten wie die Schöpse.

Als sie am nächsten Morgen mit warmen Tüchern um den Hals und mit roten, geschwollenen Nasen, zum Ochsenwirt kamen, um den Landstreicher zu fragen, was sie nun tun sollten, war er verschwunden. Da sie nun niemanden hatten, der ihnen hätte helfen können, versuchten sie es noch ein paar Wochen mit dem Rathaus ohne Dach. Als es dann aber gar zu schneien begann, und sie wie die Schneemänner am Ratstische hockten, meinte der Schweinehirt: »Liebe Mitschildbürger, so geht es nicht weiter. Ich beantrage, daß wir, mindestens für die nasse Jahreszeit, das Dach wieder in Ordnung bringen.« Sein Antrag wurde von allen, die sich erkältet hatten, angenommen. Es waren die meisten. Und so deckten sie den Dachstuhl, wie vorher, mit Ziegeln.

Nun war's im Rathaus freilich wieder stockfinster. Doch diesmal wußten sich die Schildbürger zu helfen. Jeder steckte sich einen brennenden Holzspan an den Hut. Und wenn es auch nicht sehr hell war, so konnten sie einander doch wenigstens ungefähr erkennen. Leider begannen die Späne nach einer Viertelstunde zu flackern. Nach einer halben Stunde roch es nach verbrannten Hüten. Und schon saßen die Männer, wie vor Monaten, im Dunkeln. Es war ganz still geworden. Sie schwiegen vor lauter Erbitterung. Plötzlich rief der Schuster aufgeregt: »Da! Ein Lichtstrahl!« Tatsächlich! Die Mauer hatte einen Riß bekommen, und durch ihn hindurch tanzte ein Streifen Sonnenlicht! Wie gebannt starrten sie auf den goldenen Gruß von draußen. »O wir Esel!« brüllte da der Schweinehirt. »Wir haben ja die Fenster vergessen!« Dabei sprang er auf, fiel im Dunkeln über die Beine des Schmieds und schlug sich an der Tischkante drei Zähne aus.

So war es. Sie hatten tatsächlich die Fenster vergessen! Sie stürzten nach Hause, holten Spitzhacken, Winkelmaß und Wasserwaage, und noch am Abend waren die ersten Fenster fix und fertig. So wurden die Schildbürger zwar nicht wegen ihres dreieckigen Rathauses, sondern vielmehr durch die vergessenen Fenster berühmt. Es dauerte nicht lange, so kamen auch schon die ersten Reisenden nach Schilda, bestaunten die Einwohner, übernachteten und ließen überhaupt ein gutes Stück Geld in der Stadt. »Seht ihr«, sagte der Ochsenwirt zu seinen Freunden, »als wir gescheit waren, mußten wir das Geld in der Fremde verdienen. Jetzt, da wir dumm geworden sind, bringt man's uns ins Haus!«

Der versalzene Gemeindeacker

Eines schönen Tages wurde in Schilda das Salz knapp. Und die Händler, die durchs Land zogen, hatten keines zu verkaufen. In Salzburg sei Krieg, erzählten sie. Und in Salzbrunn und in Salzwedel auch. Und man müsse warten, bis der Krieg vorüber sei. Das mißfiel den Schildbürgern. Denn Butterbrot ohne Salz, Kartoffeln ohne Salz und Suppen ohne Salz schmeckten ihnen und ihren Kindern ganz und gar nicht. Deshalb beratschlagten sie, was geschehen solle. Und weil ihr Rathaus nun helle Fenster hatte, fiel ihnen auch gleich etwas Pfiffiges ein. Da der Zucker auf Feldern wachse, meinte einer, sei es wohl mit dem Salz nicht anders. Man brauche deshalb auf dem Gemeindeacker, der noch brach liege, nur Salz auszusäen – alles andre werde sich dann schon finden.

So geschah's. Sie streuten die Hälfte ihres Salzvorrats auf den Acker, stellten Wachtposten mit langen Blasrohren an den Rändern des Feldes auf, für den Fall, daß die Vögel das Salz würden stehlen wollen, und warteten ab. Schon nach ein paar Wochen grünte der Acker, daß es eine Lust war. Das Salzkraut schoß nur so in die Höhe. Die Feldhüter saßen mit ihren Blasrohren auf der Lauer. Aber die Vögel blieben zum Glück aus. Und die Schildbürger rechneten schon nach, wieviel Salz sie ernten würden. Hundert Zentner, meinten sie, könnten sie vermutlich sogar exportieren. Doch da kamen die Kühe und Ziegen aus dem Nachbardorf!

Die Kühe und Ziegen kamen also und trampelten in dem herrlich wachsenden Salzkraut herum. Die Feldhüter schossen mit ihren Blasrohren, was das Zeug hielt. Doch das Vieh machte sich nichts draus. Die Schildbürger wußten sich wieder einmal keinen Rat. Bis der Hufschmied eine Haselnußgerte von einem Strauche losriß und aufs Feld stürzen wollte, um die Tiere zu verjagen. »Bist du toll?« schrie der Bäcker. »Willst auch du noch unser Kraut niedertrampeln?« Und sie stürzten sich auf den Schmied und hielten ihn fest. Da rief er: »Wie sonst soll ich denn das Vieh vertreiben, wenn ich nicht ins Feld laufen darf?« »Ich weiß einen Ausweg«, sagte der Schulmeister. »Du setzt dich auf ein Brett. Vier von uns heben dich mit dem Brett hoch. Und dann tragen sie dich ins Feld. Auf diese Weise wirst du kein einziges Hälmchen zertreten.« Alle waren von dem Vorschlag begeistert. Man trug, zu viert, den Schmied mit seiner Gerte über den Acker, und er verjagte das fremde Vieh, ohne dem Salzkraut auch nur ein Haar zu krümmen!

Eine Woche später gerieten ein paar Kinder, obwohl es ihnen streng verboten worden war, beim Spielen ins Salzkraut hinein. Sie waren barfuß und sprangen, kaum daß sie drin waren, schreiend wieder heraus und rannten wie der Wind nach Hause. »Es beißt schon!« riefen sie aufgeregt und zeigten den Eltern ihre Füße und Waden. Überall hatten sie rote Flecken, und es brannte fürchterlich. »Das Salz ist reif!« rief der Schweinehirt. »Auf zur Ernte!«

Die Schildbürger ließen ihre Arbeit stehen und liegen, spannten die Pferde und Ochsen vor die Erntewagen und fuhren, mit Sicheln, Sensen und Dreschflegeln, zum Gemeindeacker. Das Salzkraut biß ihnen in die Beine, daß sie wie die Lämmer herumhüpften. Es zerkratzte ihnen die bloßen Arme. Sie bekamen rotgeschwollene Hände. Tränen traten ihnen in die Augen und rollten ihnen über die Backen. Und es dauerte gar nicht lange, so warfen sie die Sensen und Sicheln weg, sprangen weinend aus dem Acker, fuchtelten mit den brennenden

Armen, Händen und Beinen im Wind und fuhren in die Stadt zurück. »Nun?« fragten ihre Frauen. »Habt ihr das Salz schon abgeerntet?« Die Männer steckten die Hände und Füße ins kalte Wasser und sagten: »Nein. Es hat keinen Zweck. Das Salz ist uns zu salzig!«

Ihr wißt natürlich längst, was da auf dem Felde gewachsen war und was so beißen konnte. Es waren Brennesseln! Ihr wißt es, und ich weiß es. Wir sind ja auch viel gescheiter, als die Schildbürger waren.

Wer am besten reimt, wird Bürgermeister

Da Schilda zum Kaiserreich Utopia gehörte, ist es weiter kein Wunder, daß dem Kaiser von Utopia die Dummheit der Schildbürger bald zu Ohren kam. Da er sich aber in früheren Jahren oft bei ihnen Rats geholt hatte, hielt er das, was man neuerdings über ihre Streiche zu erzählen wußte, für Gerüchte und Gerede. Deshalb beschloß er, selber einmal nach Schilda zu reisen. Er schickte also einen Boten, kündigte seinen hohen Besuch an und ließ ausrichten, sie sollten ihm »halb geritten und halb gegangen« entgegenkommen, und wenn sich ihre Antwort auf seine Begrüßungsworte reime, so werde er Schilda zur freien Reichsstadt ernennen und den Einwohnern die Umsatzsteuer erlassen.

Die Aufregung in Schilda war natürlich groß. Und im Rathaus ging es hoch her. Denn wer von ihnen sollte denn dem Kaiser, wenn er käme, antworten? Noch dazu in gereimter Form? »Das ist doch sonnenklar!« rief der Schuster. »Unser Bürgermeister muß das tun!« »Du hast gut reden«, erwiderte der Bäcker. »Wir haben doch gar keinen Bürgermeister!« Verdutzt sahen sie einander an. Tatsächlich! Sie hatten vergessen, einen Bürgermeister zu wählen! Nun, sie beschlossen einstimmig, gleich am nächsten Tag das Versäumte nachzuholen. »Und wen wollen wir wählen?« fragte der Schweinehirt neugierig. Da meinte der Ochsenwirt: »Den, der bis morgen das beste Gedicht macht!« Der Vorschlag gefiel ihnen über alle Maßen. Und sie gingen schleunigst heim, um etwas Hübsches zu dichten. Denn jeder von ihnen wäre selbstverständlich gerne Bürgermeister geworden.

In der folgenden Nacht schliefen sie alle miserabel. Jeder lag in seinem Bett und versuchte, irgend etwas zu dichten. Reimen sollte sich's auch noch! Der Schweinehirt dichtete so angestrengt, daß seine Frau davon aufwachte. Sie zündete eine Kerze an und fragte, was mit ihm los sei. Da verriet er ihr seinen Kummer. »Ich finde keinen Reim«, klagte er, »und möchte doch Bürgermeister werden!« »Würde ich dann Bürgermeisterin?« erkundigte sie sich. Und als er nickte, begann sie auf der Stelle eifrig nachzudenken. Schon eine Viertelstunde später hatte sie ein vierzeiliges Gedicht für ihn fix und fertig und sagte es ihm auf. Es lautete:

»*Katrine heißt die Gattin mein,*
möcht gerne Bürgermeist'rin sein,
ist schöner als mein schönstes Schwein
und trinkt am liebsten Moselwein.«

Sie sprach ihm das Gedicht neunundneunzigmal vor, und er mußte es neunundneunzigmal nachsprechen. Da klingelte der Wecker, und der Schweinehirt mußte ins Rathaus.

Die meisten Gedichte, die man zu hören kriegte, waren nicht viel wert. Der Schuster deklamierte zum Beispiel:

»*Ich bin ein Bürger und kein Bauer*
und mache mir das Leben bitter.«

»Das kann ich besser!« rief der Hufschmied und dichtete:

»*Ich bin ein Bürger und kein Ritter*
und mache mir das Leben sauer.«

Doch auch seine Verse fanden keinen rechten Anklang. So ging das eine ganze Weile hin, bis dann der Schweinehirt aufgerufen wurde. Er holte tief Luft und sagte mit lauter Stimme:

»Meine Frau, die heißt Katrine,
wär gerne Bürgermeisterin,
ist schwerer als das schwerste Schwein
und trinkt am liebsten Bayrisch Bier.«

Daß er damit den Vogel abschoß, wird niemanden von euch wundern. Der Schweinehirt wurde also unter Beifallsrufen zum Bürgermeister von Schilda gewählt. Und er und seine Frau waren aufeinander sehr stolz.

Der Kaiser besucht die Schildbürger

Als ihnen der Kaiser durch seinen Boten hatte ausrichten lassen, die Schildbürger sollten ihm »halb geritten und halb gegangen« entgegenkommen, hatte er gemeint, wer kein Pferd habe, könne getrost zu Fuß gehen. Aber die Schildbürger zerbrachen sich die Köpfe. Erst dachten sie, sie sollten einen Fuß im Steigbügel und den andern am Boden haben. Dann hatte der neue Bürgermeister einen noch besseren Einfall. »Wenn wir hölzerne Steckenpferde ritten«, sagte er, »wären wir halb zu Pferd und halb zu Fuß!« Das war ein Gedanke recht nach ihrem Herzen. Sie ließen sich beim Schreiner Steckenpferde schnitzen, weiße, braune, schwarze und fuchsrote, und als der Kaiser in seiner Galakutsche angemeldet worden war, sprengte ihm ganz Schilda auf Holzpferdchen entgegen.

Der Anblick freute den Kaiser außerordentlich. Deswegen war er später dem Bürgermeister auch nicht sonderlich böse, als dieser auf die kaiserlichen Grußworte keinen Reim wußte. Und die Umsatzsteuer erließ er ihnen trotzdem. Das freute nun wieder die Schildbürger. Und so wurde des Kaisers Aufenthalt zu einem rechten Fest. Er lachte in einem fort, und weil sein Leibarzt sagte, Lachen sei gesund, blieb er sogar einen Tag länger.

Zum Abschied schenkten sie ihm einen großen Topf mit hausgemachtem Senf. Es war nur schade, daß der Bürgermeister den Topf beim Überreichen fallen ließ. Er bückte sich, griff eine Handvoll Senf und wollte den Kaiser wenigstens kosten lassen. Aber der hohe Besuch dankte bestens und meinte, er habe gerade keinen Appetit. Statt dessen überreichte er dem Bürgermeister einen mit Wappen und Siegel geschmückten Freibrief, worin den Schildbürgern völlige Narrenfreiheit zugesichert wurde. So dumm sie sich auch benähmen, hieß es in dem Schreiben, sei es doch bei Strafe verboten, sie zu höhnen, auszulachen und auszupfeifen. Wer es trotzdem tue, müsse eine Narrenmütze mit drei Schellen tragen und den Schildbürger, den er gekränkt habe, im Gasthaus zu einem Essen mit drei Gängen einladen.

Die Schildbürger schrieen »Hurra!« und sprengten neben dem Galawagen her, bis ihre Holzpferde müde wurden. Der Kaiser reichte dem Bürgermeister zum Schluß gnädig die Hand aus dem Wagenfenster. Der Bürgermeister schüttelte sie herzlich. Leider nahm er dazu die Hand, die er in den Senf getunkt hatte. Er merkte es aber gar nicht. Nur der Kaiser, der merkte es.

Die Kuh auf der alten Mauer

Kaum daß der Kaiser abgereist war, wendeten sich die Schildbürger wieder mit neuem Mut und Eifer ihren Berufen zu. Der Schmied beschlug die Pferde. Der Schulmeister brachte den Kindern das Einmaleins mit der Sieben bei. Der Schuster besohlte die Schuhe. Der Bäcker buk das Brot. Und der Herr Bürgermeister spazierte durch Schilda, um nachzusehen, ob in der Stadt auch alles in bester Ordnung sei. Dabei mußte er feststellen, daß auf der Mauer eines Hauses, das vor Jahren altersmüde eingestürzt war, schönes grünes Gras und würzige Kräuter wuchsen.

Diesen Übelstand brachte er während der nächsten Sitzung im Rathaus zur Sprache und erklärte, es sei eine Sünde und Schande, daß Gras und Kräuter auf der Mauer nutzlos wüchsen, blühten und verkämen. Der Ochsenwirt schlug vor, die Mauer abzumähen, und wer die Mahd einbringe, der dürfe sie verfüttern. Es meldete sich aber niemand. Denn alle miteinander fanden den Vorschlag zu gefährlich. Die Mauer war hoch und brüchig. Und keiner wollte mit der Sense oder der Sichel hinaufklettern und sich dabei womöglich den Hals brechen. Schließlich und nach langen Debatten fand der Schreiner einen Ausweg. Er sagte: »Wenn schon das Vieh die Mauer kahlfressen soll, dann, finde ich, soll es auch selber hinaufklettern.« Dieser plausible Antrag wurde einstimmig angenommen. Außerdem wurde man sich einig, daß der Kuh des Bürgermeisters die Ehre gebühre. Denn der Bürgermeister habe ja das Gras und die Kräuter droben auf der Mauer entdeckt.

Am nächsten Morgen wurde also die bürgermeisterliche Kuh feierlich zur Mauer geleitet. Der Bürgermeister band das Halfter los und sagte: »So, Minna! Nun klettre hinauf und friß!« Aber die Kuh Minna dachte nicht im Traum daran, hinaufzuklettern! Man schob sie, sechs Mann hoch, dicht an die Mauer. Der Bürgermeister schlug ihr eins hintendrauf. (Nicht der Mauer, sondern der Kuh.) Es half alles nichts. Minna wollte nicht.

Da holten sie einen langen Strick, banden ihn der störrischen Kuh um den Hals, warfen das Ende des Stricks über die Mauer und zogen und zerrten und hingen am Seil wie die Küster an der Kirchenglocke. Dem armen Tier quoll, wie es so in der Luft baumelte, die Zunge aus dem Maul. »Seht ihr?« rief der Schneider. »Sie kriegt schon Appetit!« Und die anderen brüllten munter: »Hau ruck! Hau ruck! Hau ruck!« Minnas Atemnot wurde immer ärger. Ihre Zunge wurde immer länger. »Gleich wird sie fressen!« meinte der Schmied.

Aber sie fraß nicht. Sie verdrehte die großen dunklen Augen, zappelte noch einmal mit den Haxen, und aus war's. Man lockerte den Strick, ließ Minna wieder zur Erde herunter und konnte nur noch feststellen, daß sie tot war. Es war ein rechter Jammer. Doch die Schildbürger, dumm wie sie seit einiger Zeit waren, hielten nicht viel vom Jammern. Sie schlachteten Minna, die Kuh, und veranstalteten beim Ochsenwirt ein Festgelage. Mit Kuhfleisch. Auf der Speisekarte stand »Kalbsschnitzel«. Minna, die Kuh, als Kalbsschnitzel beim Ochsenwirt – man kann verstehen, daß es dem Bürgermeister nicht schmeckte. »Liebe Freunde«, sagte er zerknirscht, »an Minnas vorzeitigem Ableben ist einzig und allein unser Scharfsinn und Verstand schuld. Hätte ich das Gras auf der Mauer nicht bemerkt und daraus gefolgert, daß es nutzbringend verwendet werden müsse, wäre das brave Tier noch munter und guter Dinge. Ich fürchte, wir sind noch immer nicht dumm genug.« Die anderen nickten nachdenklich.

Und das Gras und die Kräuter auf der alten Mauer wiegten sich nach wie vor im Sommerwind.

Die versunkene Glocke

Mittlerweile war der Krieg, an Salzburg und Salzwedel vorbei, durchs Land gezogen und schien sich in bedenklicher Weise dem Städtchen Schilda zu nähern. Das erfüllte die Schildbürger und ihre Ratsherren mit großer Sorge. Denn ob nun die jeweiligen Sieger oder die arg Besiegten in eine Stadt kamen, es war immer dasselbe: Die Soldaten gingen in die Häuser und nahmen sich, zur Erinnerung an die große Zeit, mit, was sie fanden, ob das nun silberne Patenlöffel, Konfirmationsuhren, Tischdecken, Porzellanteller, Samtwesten oder Trauringe waren. Ihnen war alles recht.

So versteckten die Schildbürger geschwind, was ihnen teuer und wert war. Nur mit der Kirchenglocke wußten sie nichts anzufangen. Sie war aus bester Bronze und ziemlich groß. Und man kannte damals schon die Vorliebe der Kriegsleute für Kirchenglocken. Entweder holte die eigne Partei das tönende Erz aus den Glockenstühlen, um Hellebarden und Spieße draus zu fertigen, oder die Feinde nahmen die Glocken als Andenken mit. So oder so, es war kaum zu vermeiden.

Nun lag aber ganz in der Nähe von Schilda ein stiller, tiefer See. Und der Bürgermeister sagte: »Ich hab's. Wir versenken die Glocke im See, und wenn der Krieg vorbei ist, holen wir sie wieder heraus.« Gesagt, getan. Sie holten die Glocke aus dem Kirchturm, hoben sie auf einen Wagen, spannten sechs Pferde davor, fuhren zum See hinaus, trugen sie schwitzend in ein Boot und ruderten ein Stückchen. Dann rollten sie die Glocke bis zum Bootsrand und warfen sie ins Wasser. Schon war sie verschwunden, denn sie wog zwanzig Zentner. Man sah nur noch ein paar Luftblasen aufsteigen. Das war alles.

Anschließend zog der Schmied sein Taschenmesser aus der Joppe und schnitt in den Bootsrand eine tiefe Kerbe. »Warum tust du das?« fragte ihn der Bäcker. »Damit wir nach dem Krieg wissen, wo wir die Glocke ins Wasser geworfen haben«, antwortete der Schmied. »Sonst fänden wir sie am Ende nicht wieder.« Sie bewunderten seine Vorsorge, lobten ihn, bis er rot wurde, und ruderten ans Land zurück.

Nun, der Krieg machte zum Glück einen großen Bogen um Schilda. Man sah nur am Horizont den Staub, den Heer und Troß aufwirbelten. Niemand drang in die Häuser. Die Löffel, Uhren, Teller und Ringe wurden wieder aus den Verstecken hervorgeholt. Und man fuhr mit dem Boot auf den See hinaus, um jetzt auch die Glocke zu heben. »Hier muß sie liegen!« rief der Schmied und zeigte auf seine Kerbe am Bootsrand. »Nein, hier!« rief der Bäcker, während sie weiterruderten. »Nein, hier!« rief der Bürgermeister. »Nein, hier!« rief der Schuster. Wohin sie auch ruderten, überall hätte die Glocke liegen müssen. Denn die Kerbe am Boot war ja überall dort, wo gerade das Boot war. Mit der Zeit merkten sie, daß der Einfall des Schmieds gar nicht so gut gewesen war, wie sie seinerzeit geglaubt hatten.

Sie fanden also ihre Glocke nicht wieder, so sehr sie auch suchten, und mußten sich notgedrungen für teures Geld eine neue gießen lassen. Der Bäcker aber schlich sich eines Nachts heimlich zu dem Boot und schnitt wütend die Kerbe heraus. Dadurch wurde sie freilich nur noch größer als vorher. Mit Kerben ist das so.

Ein Krebs kommt vor Gericht

Eines Tages geriet ein Krebs nach Schilda. Niemand hätte sagen können, woher er kam, und keiner wußte, was er bei den Schildbürgern wollte. Und da sie noch nie in ihrem Leben einen Krebs gesehen hatten, bemächtigte sich ihrer eine beträchtliche Aufregung. Sie läuteten mit der neuen Kirchenglocke Sturm, stürzten zu der Stelle, wo der Krebs umherkroch, und wußten nicht, was tun. Sie rieten und rätselten hin und her und hätten gar zu gerne gewußt, wen sie vor sich hatten. »Vielleicht ist es ein Schneider«, sagte der Bürgermeister, »denn wozu hätte er sonst zwei Scheren?«

Schon holte einer ein Stück Tuch, setzte den Krebs darauf und rief: »Wenn du ein Schneider bist, dann schneide mir eine Jacke zu! Mit weiten Ärmeln und einem Halskoller!« Weil das Tier zwar auf dem Tuch vorwärts und rückwärts einherspazierte, aber den Stoff nicht zuschnitt, nahm der Schneidermeister von Schilda seine eigne große Schere und schnitt das Tuch genau so zu, wie der Krebs dahinkroch. Nach zehn Minuten schon war der Stoff völlig zerschnitten. Von einer Jacke mit weiten Ärmeln und einem Halskoller konnte keine Rede sein. »Mein schönes, teures Tuch!« rief der Schildbürger. »Der Kerl hat uns angeführt! Er ist gar kein Schneider! Ich verklag ihn wegen Sachbeschädigung!« Dann griff er nach dem Krebs und wollte ihn beiseite tun. Doch der Krebs zwickte und kniff ihn mit seinen Scheren so kräftig, daß der Mann vor Schmerz aufbrüllte. »Mörder!« schrie er. »Mörder! Hilfe!« Nun wurde es dem Bürgermeister zu bunt. »Erst ruiniert er das teure Tuch«, sagte er, »und nun trachtet er einem unserer Mitbürger nach dem Leben – das kann ich als Stadtoberhaupt nicht dulden! Morgen machen wir ihm den Prozeß!« So geschah es auch. Der

Krebs wurde in einer förmlichen Sitzung vom Richter der mutwilligen Sachbeschädigung und des versuchten Mords angeklagt. Augenzeugen berichteten unter Eid, was sich am Vortage zugetragen hatte. Der amtlich bestellte Verteidiger konnte kein entlastendes Material beibringen. So zog sich der hohe Gerichtshof zur Urteilsfindung kurz zurück und verkündete anschließend folgenden harten, aber gerechten Spruch: »Der Delinquent gilt in beiden Punkten der Anklage als überführt. Mildernde Umstände kommen um so weniger in Betracht, als der Angeklagte nicht ortsansässig ist und die ihm gewährte Gastfreundschaft übel vergolten hat. Er wird zum Tod verurteilt. Der Gerichtsdiener wird ihn ersäufen. Das Urteil gilt unwiderruflich. Die Kosten des Verfahrens trägt die städtische Sparkasse.«

Noch am Nachmittag trug der Gerichtsdiener den Krebs in einem Korb zum See hinaus und warf ihn in weitem Bogen ins Wasser. Ganz Schilda nahm an der Exekution teil. Den Frauen standen die Tränen in den Augen. »Es hilft nichts«, sagte der Bürgermeister. »Strafe muß sein.« Der Pastor war übrigens nicht mitgekommen. Weil er nicht wußte, ob der Krebs katholisch oder evangelisch war.

Das Herz auf dem rechten Fleck

Der Krieg hatte zwar um Schilda einen Bogen gemacht. Aber der Kaiser brauchte trotzdem Soldaten. So sandte er überallhin Boten, man solle ihm waffenkundige und tapfere Leute schikken. Die Schildbürger taten ihre Pflicht und schickten ihm ein Dutzend wackre Männer. Sie kämpften unerschrocken in vielen Schlachten und Gefechten. In der Chronik von Schilda kann man darüber nachlesen. Dort erfährt man auch, daß von dem Dutzend, das in den Krieg zog, viele umkamen und insgesamt nur zwölf nach Hause zurückkehrten.

Einer der Zwölf, Kilian mit Namen, besaß vom Großvater her ein hartgeschmiedetes Eisenstück. Das ließ er sich, bevor er zu Felde zog, vom Schneider an die Stelle nähen, worunter sein Herz säße. Und hätte er das nicht tun lassen, wär es ihm später schlimm ergangen. Denn als er einmal ein feindliches Huhn verfolgte, liefen Bauern mit Spießen, Stangen und Dreschflegeln hinter Kilian drein. Er rannte nicht etwa, wie man ihm nachgesagt hat, vor den Bauern davon. Dafür war er viel zu sehr mit der Hühnerjagd beschäftigt. Weil er fand, es sei nobler, ein feindliches Huhn als den Feind selber umzubringen. Und Hunger hatte er außerdem.

Jedenfalls, als er über einen Zaun sprang, blieb er zappelnd an einer Latte hängen. Die Bauern holten ihn ein und schlugen so lange auf seinen Hosenboden los, bis Kilian dadurch von der Zaunslatte freikam und, hinkend und jammernd und ohne Huhn, bei seiner Kompanie eintraf. »Mein Herz!« rief er, »mein Herz!« und hielt sich die Hose.

Der Sanitätsfeldwebel, der den Verletzten untersuchte, fand dabei den Eisenfleck, den der Schneider nicht ins Wams, sondern eben in den Hosenboden genäht hatte. »Das Eisen hat dich vor Schlimmerem bewahrt«, meinte der Feldwebel, »aber warum hat es dir euer Schneider an die falsche Stelle geflickt?« Da antwortete Kilian stolz: »Weil der Schneider von Schilda weiß, wo bei uns Schildbürgern das Herz sitzt!«

Erziehung in einem Tag oder gar nicht

Ein Schildbürger fuhr mit seinem Sohn in die Kreisstadt zum Schulmeister und sagte: »Man rühmt deinen Unterricht. Deshalb möchte ich meinen Jungen ein wenig bei dir lassen.« »Was weiß er denn schon?« fragte der Lehrer und hörte dabei nicht auf, einen Schüler zu verprügeln. »Er weiß nichts«, antwortete der Schildbürger. »Und wie alt ist er?« fragte der Lehrer weiter. »Erst dreißig Jahre«, meinte der Schildbürger entschuldigend, »was kann er da schon gelernt haben! Ich selber bin fünfundsechzig Jahre alt und weiß nicht das geringste!«

»Also meinetwegen«, erklärte der Schulmeister. »Laß ihn hier! Doch wenn er nicht pariert und lernt, kriegt er, trotz seiner dreißig Jahre, von mir genau soviel Prügel, als ob er zwölf wäre!« Das war dem Schildbürger recht. Er versprach auch, die Erziehung gut zu bezahlen. Dann gab er seinem Jungen zum Abschied eine Ohrfeige und wollte gehen.

»Einen Moment!« rief der Lehrer. »Wie lange soll er denn in meiner Schule bleiben, und wann holst du ihn wieder ab?« »Bald«, sagte der Schildbürger. »Denn viel braucht er nicht zu lernen. Es genügt, wenn er soviel weiß wie du!« Das verdroß den Lehrer ein wenig, und er wollte ganz genau wissen, wann der Junge abgeholt würde. »Ganz genau kann ich's dir nicht sagen«, meinte der Schildbürger. »Es hängt davon ab, wie lange euer Schmied braucht, meinem Pferd ein Hufeisen festzuschlagen. Es hat auf der Herfahrt sehr geklappert. Sobald das Eisen fest ist, hol ich ihn wieder ab.«

»Du bist wohl nicht bei Trost!« rief der Schulmeister. »Und wenn ich deinen Bengel prügelte, bis mir der Arm wehtäte, auch dann müßte ich ihn mindestens ein Jahr hierbehalten, damit er etwas lernt!« Da nahm der Schildbürger seinen dreißigjährigen Sohn wieder bei der Hand und suchte das Weite. In der Tür sagte er nur noch: »Daß Lernen weh tut und Geld kostet, mag hingehen. Doch ein Jahr Zeit ist mir dafür zu schade. Dann soll er lieber dumm bleiben wie sein Vater.«

Die Folgen der Dummheit für Schilda und die übrige Welt

Daß man in Schilda keine Krebse kannte, wißt ihr schon. Daß man auch noch nie eine Katze gesehen hatte, ist wohl noch viel erstaunlicher. Um so besser wußte man mit Mäusen Bescheid. Sie waren in allen Kellern, Speichern und Küchen, in den Räucherkammern, beim Bäcker und nicht zuletzt beim Ochsenwirt. Bei diesem kehrte eines Tags ein Wandrer ein, der eine Katze bei sich hatte. Da die Schildaer Mäuse nicht wußten, was eine Katze ist, waren sie sehr zutraulich, und in einer halben Stunde hatte die fremde Katze zwei Dutzend Mäuse erlegt. Die anderen Gäste und der Wirt wollten nun wissen, wie das Tier heiße und wieviel es koste. »Maushund heißt es«, sagte der Wandersmann, »und weil Maushunde sehr selten sind, kostet mein Prachtexemplar hundert Gulden.« Sie liefen zum Bürgermeister, erzählten ihm von dem Maushund und baten, er möge ihn für die Stadt anschaffen.

So geschah es. Als der Wanderer die hundert Gulden bekommen hatte, machte er sich aus dem Staube, falls die Schildbürger der Kauf reuen sollte. Kaum war er aus dem Stadttor hinaus, kam ihm auch schon jemand nachgelaufen und wollte wissen, womit man den Maushund füttern müsse. Der Wandrer rannte, was das Zeug hielt, und rief hastig: »Nur Speck frißt er nie!« Da schlug der Schildbürger die Hände überm Kopfe zusammen und lief verzweifelt in die Stadt zurück. Er hatte nämlich in der Eile statt »Nur Speck frißt er nie« verstanden »Nur Menschen und Vieh!«

Das Entsetzen war groß. »Wenn wir keine Mäuse mehr haben werden, wird er unser Vieh und uns selber fressen!« riefen sie außer sich. »Wo hat er sich versteckt?« »Im Rathaus auf dem Speicher!« So umzingelten sie das Rathaus und schickten ein paar beherzte Männer hinein. Doch die Katze ließ sich nicht greifen. Sie kamen unverrichtetersache zurück. »Dann müssen wir den Maushund ausräuchern«, rief der Bürgermeister. »Denn um wen wär's mehr schade? Ums Rathaus oder um uns?« Da schrien alle: »Um uns!« und steckten das Rathaus in Brand.

Als es der Katze zu heiß wurde, kletterte sie aufs Rathausdach. Und als die Flammen die Dachbalken ergriffen, sprang sie mit einem Riesensatz aufs Nachbardach und putzte sich mit der Pfote den angesengten Schnurrbart. »Schaut den Maushund an!« rief der Schmied. »Er droht uns!« Und der Bäcker murmelte zitternd: »Wir schmecken ihm schon.« Da zündeten sie das Nachbarhaus an. Und weil die Katze von Dach zu Dach sprang und die Schildbürger in ihrer Todesangst Haus um Haus anzündeten, brannte um Mitternacht die ganze Stadt.

Am nächsten Morgen lag Schilda in Asche. Alles war verbrannt. Nur die Katze nicht. Sie war vor Schreck in die Wiese gelaufen und verschwunden. Nun saßen die Schildbürger auf den Trümmern ihrer Stadt und ihrer Habe, waren froh, nicht gefressen worden zu sein, und beschlossen schweren Herzens, in alle Himmelsrichtungen auszuwandern.

Das taten sie auch sehr bald. Und so kommt es, daß es heutzutage die Stadt Schilda nicht mehr gibt und die Schildbürger auch nicht. Das heißt: Es gibt sie natürlich noch. Nur ihre Enkel und Urenkel und deren Enkel und Urenkel leben über die ganze Erde verstreut. Sie wissen gar nicht mehr, daß sie von den Schildbürgern abstammen. Von Leuten also, die sich, um glücklich zu werden, dumm stellten und dadurch ins Unglück gerieten, daß sie dumm wurden. Und sie können es auch gar nicht wissen. Denn heutzutage gelangen die Dummen zu Ruhm und Rang, zu Geld und Glück genau so wie die Gescheiten. Woran sollten also die Dummen auf unserer Erde merken, daß sie dumm sind?

Ein einziges Merkmal gibt es, woran man die Dummen erkennt: Mit dem, was sie erreicht haben, sind sie selten, aber mit sich selber sind sie stets zufrieden. Gebt also gut Obacht! Bei den anderen, und bei wem noch?

Ganz recht, bei euch!

Leben und Taten des scharfsinnigen Ritters DON QUICHOTTE

Meine Lieben!

Neulich fragte eine Illustrierte ihre Leser: »In welchem Zeitalter hätten Sie am liebsten gelebt?« Und die Antworten waren bunt wie ein Blumenstrauß. Ein Kolonialwarenhändler aus Schweinfurt teilte der Redaktion mit, daß er am liebsten, etwa um 500 vor Christi Geburt, ein alter Grieche gewesen wäre, und zwar, wenn sich's hätte einrichten lassen, Sieger bei den Olympischen Wettkämpfen. Statt mit Lorbeer gekrönt zu sein, müsse er nun in seinem Geschäft Lorbeer in Tüten verkaufen, für fremde Suppen, und das gefalle ihm weniger.

Eine gewisse Frau Brinkmann aus Lübeck schrieb, schon als Konfirmandin habe sie sich sehnlichst gewünscht, im 18. Jahrhundert gelebt zu haben, und zwar als Hofdame in Frankreich, mit weißgepuderter Frisur und mit weiten seidenen Reifröcken. Dann hätte sie den schönen Marschall Moritz von Sachsen geheiratet und nicht Herrn Brinkmann. Und Paris und Versailles seien viel hübscher als Lübeck und Travemünde. Sie könne das beurteilen, denn sie habe im vorigen Jahr eine achttägige Gesellschaftsreise nach Paris mitgemacht.

So hatte ein jeder Leser seinen eignen Kopf. Einer hätte gern als schwedischer Reitergeneral im Dreißigjährigen Kriege gelebt, ein andrer als chinesischer Mandarin, ein Dritter als Mundschenk der Königin Kleopatra von Ägypten. Nur Herr Pfannenstiel aus Barmen-Elberfeld schrieb:

»Ich, der Endesunterfertigte, möchte
Herr Pfannenstiel aus Barmen-Elberfeld,
Krumme Straße 7, Vertreter für Rasier-
klingen, sein und bleiben. Hochachtungs-
voll Ihr sehr ergebener Willibald Pf.«

Willibald Pf. war mit seinem Los zufrieden. Er war eine Ausnahme. So selten wie eine seltene Briefmarke.

Don Quichotte, dessen Abenteuer ich euch gleich erzählen werde, war ein armer spanischer Edelmann, der für sein Leben gern ein Ritter gewesen wäre. Ein Ritter in voller und blitzen-

der Rüstung, mit Lanze, Schild und Schwert und auf einem feurigen Hengst. Obwohl es zu seiner Zeit, vor etwa dreihundertfünfzig Jahren, solche Ritter schon lange nicht mehr gab! Nun hätte das keinerlei Aufsehen erregt, wenn Don Quichotte seine Ritterträume hübsch für sich behalten und zu Hause im Lehnstuhl geträumt hätte. Doch so bequem machte er es sich und den anderen nicht! Er dachte nicht: ›Ach, wäre ich doch ein tapferer Ritter! Ach, könnte ich doch den Schwachen und Bedrängten helfen! Ach, hätte ich doch verwegene Feinde, um sie zu besiegen!‹ Nein, er hielt gar nichts von Wäre und Könnte und Hätte! Sondern er erhob sich aus seinem Lehnstuhl, schlug mit der Faust auf den Tisch und rief blitzenden Auges: »Ich bin ein Ritter! Ich habe Feinde! Und ich werde den Schwachen helfen!« Dann holte er die eiserne Rüstung seines Urgroßvaters vom Boden, putzte und kratzte den Staub, die Spinnweben und den Rost weg, reparierte den Helm und das Visier, kletterte in die Rüstung hinein, band den Helm fest, zog sein Pferd aus dem Stall, das so dürr war wie er selber, stieg ächzend hinauf, setzte sich zurecht und ritt davon.

Die Abenteuer, die er erlebte, hat Miguel de Cervantes aufgeschrieben, und er hat in dem Buch behauptet, schuld an Don Quichottes seltsamen Taten wären die zahllosen Ritterromane gewesen, die damals Mode waren und die er allesamt gelesen hätte. Das kann schon sein. Kürzlich wurde auf einem Münchner Standesamt ein junges Paar getraut, das dreihundertsieben Wildwestfilme gesehen hatte. Sie kamen zu Pferd, mit Colts und Lassos, in Cowboytracht, und der Standesbeamte fiel in Ohnmacht. Immerhin wußten die jungen Eheleute noch, daß sie eigentlich Bachmayer hießen und daß der Herr Gemahl wochentags nicht über die Prärie reiten, sondern in Schwabing die Gaszähler prüfen mußte.

Bei Don Quichotte lag das anders. Er war beim Lesen übergeschnappt! (Na, euch kann das ja nicht passieren!)

Eine Schlägerei und der Ritterschlag

Die Haushälterin und deren Nichte suchten ihren Herrn und Gebieter wie eine Stecknadel. Und als sie ihn nicht finden konnten, holte die Nichte seine Freunde, den Pfarrer und den Barbier, herbei, und nun suchten sie zu viert. Doch sie fanden nur, daß auch das Pferd verschwunden war. Da begannen sie sich Sorgen zu machen und zu warten. Doch sie warteten vergeblich.

Inzwischen ritt Don Quichotte auf seiner dürren Rosinante, über staubige Straßen und an Feldern und Olivenhainen vorbei, der Stadt Sevilla und seinen zukünftigen Abenteuern entgegen. Keine Wolke stand am tiefblauen Himmel. Die Sonne brannte. Und das Gras roch versengt. Roß und Reiter hatten schrecklichen Durst. Aber nirgends floß ein Bach, und nirgends stand ein Wirtshaus. Nicht einmal den Helm konnte Don Quichotte abnehmen. Denn er hatte ihn mit Bändern unterm Kinn fest zugeknotet, und nun konnte er die Knoten nicht wieder aufknüpfen! Der Schweiß brannte ihm in den Augen und lief ihm unterm Harnisch den Rücken hinunter, doch er biß die Zähne zusammen und dachte: ›Ein rechter Ritter darf nicht murren.‹

Plötzlich zuckte er vor Schreck zusammen und rief laut: »Ich bin ja noch gar kein Ritter!« Da erschrak auch das Pferd und galoppierte zehn Minuten lang, als sei es von einer Hummel gestochen worden. Dann blieb es, mit heraushängender Zunge, stehen. »Ich bin ja noch gar kein Ritter«, wiederholte Don Quichotte betrübt. »Mir fehlt ja noch der Ritterschlag!« Doch seine Betrübnis wurde nicht alt. Er warf den Kopf zurück, daß der reparierte Helm schepperte, und sagte stolz zu sich selber: »Der erste Mann, der mir begegnet, soll mich zum Ritter schlagen!«

Der erste Mann, der ihm begegnete, war ein dicker Wirt, der mit ein paar Eseltreibern und zwei Kellnerinnen vor seiner Kneipe saß. Das war eine dürftige Spelunke. Doch Don Quichotte hielt sie für ein altes Kastell, den Wirt für den Burgherrn und die Kellnerinnen für Schloßfräulein. Als man ihm vom Gaul geholfen hatte, kniete er vor dem Wirt nieder und bat diesen, ihn feierlich zum Ritter zu schlagen, da er vorher weder die Armen verteidigen, noch die Bösen zerschmettern dürfe. Der Wirt, der nicht wußte, ob er lachen oder sich fürchten sollte, sagte ja und amen. Man müsse aber, fügte er hinzu, bis zum nächsten Sonnenaufgang warten, das sei beim Ritterschlag üblich. Und der Kandidat müsse die Nacht über seine künftigen Waffen bewachen. Möglichst in einer Kapelle. Nun habe er zwar keine Kapelle, aber der Burghof eigne sich genau so gut. »Burghof«, sagte er, weil der seltsame Gast das Wirtshaus ja für eine Burg hielt.

Don Quichotte war einverstanden, erhob sich von seinem Kniefall und setzte sich zu Tisch. Es gab Stockfisch, hartes Brot und sauren Wein, und die Kellnerinnen wollten ihm den Helm abnehmen. Doch auch sie brachten die Knoten nicht auf. Und so mußten sie den künftigen Ritter, der den Mund nur einen Spalt öffnen konnte, bissenweise füttern, und den Wein trank er durch einen Strohhalm.

Nachts ging er dann im Hof wachsam auf und ab. Den Harnisch und den Helm hatte er behutsam auf den Viehtrog neben dem Brunnen gelegt. Die Lanze hielt er aber im Arm, und das war gut so. Denn ein paar Stunden später kamen zwei Eseltreiber zum Brunnen, um ihre Maultiere zu tränken. Da sie den Trog mit Wasser füllen wollten, warfen sie den Harnisch und den Helm achtlos auf die Erde. Das hätten sie nicht tun sollen! Schon war Don Quichotte zur Stelle und schlug ihnen mit der Lanze über den Kopf. Sie fielen um und schrien wie am Spieß. Der Wirt sprang aus dem Bett, rannte in den Hof hinunter, sah die Bescherung und rief: »Es ist soweit, edler Herr! Kniet nieder! Die Sonne geht auf!«

Da stieg Don Quichotte in seine Rüstung, kniete nieder und ließ sich von dem dicken Wirt, der dabei allerlei murmelte und ihm mit dem Schwert auf die Schulter klopfte, zum Ritter schlagen. Ihm war sehr feierlich zumute. Anschließend bedankte er sich tausendmal, nahm seine Waffen, stieg auf die Rosinante und ritt, vom Gelächter der Kellnerinnen und von den Flüchen der Eseltreiber begleitet, aus dem Tor. Endlich war er ein richtiger Ritter!

Das Abenteuer am Kreuzweg

Wieder brannte die Sonne auf die spanische Hochebene. Rosinante trabte unermüdlich dahin. Denn sie befand sich seit Stunden auf dem Heimweg. Sie wollte in ihren Stall zurück. Aber Don Quichotte merkte das nicht. Er suchte in Gedanken nach einer edlen Dame, die er verehren und in deren Namen er kämpfen wollte. Schließlich fiel ihm Aldonza Lorenzo ein. Das war ein hübsches, strammes Bauernmädchen aus dem Nachbardorf, und er war einmal in sie verliebt gewesen. Nur ihr Name war ihm nicht prächtig und fürstlich genug. Und er grübelte, wie sie heißen solle. Am besten gefiel ihm, nach längerem Hin und Her: Dulzinea von Toboso! Das klang herrlich! Und so gab er dem Gaul die Sporen, galoppierte über die Landstraße und rief wieder und wieder: »Dulzinea von Toboso ist die schönste und vornehmste Dame Spaniens!« Unter diesem Rufe kam er an einen Kreuzweg, wo gerade sechs Reiter mit ihren Dienern und Maultiertreibern hielten. Es waren wohlhabende Kaufleute aus Toledo, und sie wollten nach Murzia, um dort Seide einzukaufen. »Dulzinea von Toboso ist die schönste und vornehmste Dame Spaniens!« rief Don Quichotte. »Gebt Ihr das zu?« Da sagte der eine Kaufmann: »Wir kennen sie ja gar nicht, Eure Dulzinea!« Ein andrer sagte: »Zeigt uns ihr Bild! Vorher geben wir überhaupt nichts zu!« Und der dritte meinte spöttisch: »Vielleicht schielt sie und hat Zahnlücken!« Und alle lachten.

Das war für Don Quichotte zuviel. »Das sollt ihr büßen!« donnerte er, legte seine Lanze ein und sprengte auf die Herren los. Es hätte recht übel ausgehen können. Doch auf halbem Wege stolperte sein Gaul und fiel, samt dem Ritter, mitten auf die Straße. Don Quichotte wollte aufstehen und zu Fuß für seine Dame kämpfen. Aber die Rüstung, der Schild, die Lanze und der Helm waren zu schwer. Und schon waren die Maultiertreiber über ihm, zerbrachen die Lanze, jeder nahm ein Stück davon, und prügelten sie auf ihn ein, daß ihm Hören und Sehen verging.

Als der arme Ritter wieder zu sich kam, waren die andern über alle Berge. Die Knochen taten ihm weh, und er stöhnte und ächzte zum Steinerweichen. Zum Glück ritt ein Bauer auf seinem Esel vorüber, half dem Pferd auf die Beine, erkannte Don Quichotte, setzte ihn behutsam auf den Esel und lieferte Roß und Reiter vor dessen Hause ab.

Es war schon dunkel, und die Haushälterin und die Nichte, der Pfarrer und der Barbier waren froh, den Ausreißer wieder daheim zu haben. Er war braun und blau am ganzen Körper. Sie steckten ihn ins Bett und machten ihm kalte Umschläge. Er berichtete, daß er mit zehn gewaltigen Riesen gefochten hätte. Doch sie glaubten ihm nicht recht und gaben ihm Kamillentee zu trinken.

Der Kampf mit den
Windmühlen

Vierzehn Tage mußte der Ritter das Bett hüten, und die Haushälterin dachte schon, er habe von seinen Abenteuern genug. Doch eines schönen Morgens war er wieder verschwunden! Aber diesmal nicht nur er und das Pferd, sondern auch sein Nachbar Sancho Pansa, ein verheirateter Bauer, mit einem Esel! Sancho Pansas Frau kam, samt den Kindern, zu Don Quichottes Haushälterin und der Nichte gelaufen, und sie weinten und schimpften durcheinander, daß das ganzer Haus widerhallte.

Was, um alles in der Welt, war Sancho Pansa eigentlich eingefallen, den verrückten Ritter zu begleiten? War denn auch in seinem Bauernschädel etwas nicht ganz in Ordnung? Nun, verrückt war der kleine, dicke Bauer nicht, aber er war, offen gestanden, ziemlich dumm. Und als ihm Don Quichotte erzählt hatte, er wolle Provinzen, Inseln und Königreiche erobern und ihn, den Knappen und Stallmeister, zum Grafen oder Herzog machen, wenn nicht gar zu einem König, da hatte der kleine Dicke nicht widerstehen können.

Wie sie so dahinritten, sagte Sancho Pansa nachdenklich: »Ein König wäre ich ja recht gerne. Doch dann würde meine Frau eine Königin, und ich glaube, das liegt ihr nicht. Für so einen Posten ist sie nicht fein genug. Macht mich zu einem Grafen. Dann wird sie eine Gräfin. Das kriegt sie vielleicht hin.« »Sei nicht so bescheiden!« antwortete der Ritter. »Man muß Großes wollen! Ich mache dich mindestens zum Gouverneur, und damit basta!« »Na schön«, meinte Sancho Pansa, »macht mich zum Gouverneur und meine Frau zur Gouverneuse! Das Gouvernieren werden wir schon lernen!« Damit schnallte er den Weinschlauch vom Sattel seines Esels los und trank einen kräftigen Schluck.

Gegen Abend näherten sie sich einem Hügel, auf dem dreißig bis vierzig Windmühlen standen. Da stellte sich Don Quichotte in die Steigbügel und rief: »Siehst du die Riesen auf dem Hügel?« Sancho Pansa kaute gerade etwas Brot und Schinken und sagte: »Riesen? Auf dem Hügel? Ich sehe nur Windmühlen!« »Riesen!« rief der Ritter. »Und jeder hat vier Arme!« »Nein«, sagte der Stallmeister kauend. »Es sind Windmühlen, und jede hat vier Flügel!« Doch da legte sein Herr und Gebieter auch schon die neue Lanze ein, rief zum Hügel: »Im Namen der Dame Dulzinea von Toboso, ergebt euch!« und gab Rosinante die Sporen.

Als Don Quichotte die erste Windmühle erreicht und die Lanze voller Wucht in einen Windmühlenflügel gebohrt hatte, kam plötzlich ein Wind auf. Die Flügel begannen sich zu drehen. Die Lanze zersplitterte. Und Roß und Reiter flogen in hohem Bogen durch die Luft und ins Feld. Dort blieben beide liegen, als hätten sie sämtliche Knochen gebrochen! Sancho Pansa trabte erschrocken näher und rief schon von weitem: »Habt Ihr große Schmerzen?« Da setzte sich Don Quichotte mühsam auf und sagte stolz: »Ritter haben keine Schmerzen. Und wenn sie doch einmal welche haben, klagen sie nicht.« »Wie gut, daß ich kein Ritter bin!« rief der kleine Dicke und half den beiden auf die Beine.

Als sie schließlich weiterritten, hing der Ritter schief und krumm im Sattel, und der Gaul humpelte und kam kaum vom Fleck. Weil es außerdem dunkel wurde, beschlossen sie zu kampieren und ließen sich in einem Steineichenwald nieder. Sancho Pansa aß und trank wieder, legte sich um und schnarchte, daß die Wipfel zitterten. Don Quichotte aß nichts, trank nichts und schlief nicht. Nachdem er einen kräftigen Zweig von einem der Bäume abgerissen und ihn als Lanze zurechtgeschnitzt hatte, saß er noch lange wach, grämte sich über seine Niederlage und träumte von neuen, aber erfolgreicheren Taten.

Ein halbes Ohr und ein halber Helm

Ein paar Tage später näherten sie sich dem Meer. Schon von weitem erblickten sie den Hafen Lapice in der blauen Bucht, und Don Quichotte meinte hoffnungsfroh, hier an der Küste fände seine selbstgeschnitzte Eichenlanze gewiß lohnende Ziele. »Nur eines mußt du streng beachten«, sagte er hoheitsvoll zu Sancho Pansa: »Du darfst, da du kein Ritter bist, nicht mit Rittern kämpfen, sondern nur mit Stallmeistern und Knappen!« »Machen Sie sich deswegen keine Sorgen!« antwortete der kleine Dicke. »Ich werde mich weder mit Rittern noch mit Stallmeistern prügeln. Denn ich bin ein friedlicher Mensch. Ich werde höchstens wütend, wenn man mich nicht in Ruhe läßt.« »Du darfst mir, weil ich ein Ritter bin, nicht einmal zu Hilfe kommen!« fuhr sein Herr und Gebieter fort. »Auch dann nicht, wenn ich in Bedrängnis gerate!« »Ganz wie Sie wünschen«, sagte Sancho Pansa. »Ich bin ein friedlicher Mensch.«

Gegen Mittag begegneten sie einer größeren Karawane. Vorneweg ritten zwei Pater vom Benediktinerorden auf Maultieren. Nebenher liefen ein paar Treiber. Und dahinter folgte, von Reitern begleitet, eine Kutsche, worin eine schöne Dame mit ihrer Zofe saß. Die Dame reiste nach Sevilla, um dort ihren Gemahl zu treffen, der vom spanischen König nach Westindien geschickt werden sollte.

»Siehst du die zwei Zauberer?« fragte Don Quichotte aufgeregt. »Nein«, sagte Sancho Pansa, »ich sehe zwei Benediktiner.« »Zauberer sind es!« rief der Ritter. »Und sie entführen in der Kutsche eine Prinzessin!« »Ach wo!« sagte sein Begleiter. »Das bilden Sie sich nur ein!« Doch ehe er ausgesprochen hatte, sprengte Don Quichotte schon auf die verdutzte Gruppe los. Der erste Pater fiel vor Schreck vom Esel. Der andre ritt ins Feld. Die Damen in der Kutsche schrien um Hilfe. »Ich komme ja schon!« rief Don Quichotte. »Ich befreie Sie!« Er zog sein Schwert und hielt den Schild vor die Brust. Einer der Reiter hob den Degen und benutzte ein Kutschkissen als Schild. Und schon klirrten die Waffen.

Sancho Pansa versuchte inzwischen, dem Pater, der am Boden lag, die Kleider auszuziehen, um sie als Beute zu behalten. Die Eseltreiber fielen über ihn her. Die Damen weinten laut. Don Quichotte und sein Gegner schlugen aufeinander ein, daß die Luft zitterte. Der Schild splitterte. Aus dem Kissen flogen die Federn. Die Schwerter verbogen sich. Und mit einem Male fielen ein halber Helm und Don Quichottes halbes Ohr auf die Straße. Das machte den Ritter nur noch wütender, und er gab nicht eher Ruhe, bis der Gegner blutend und erschöpft vom Pferde fiel.

Don Quichotte setzte ihm den Degen auf die Brust und ließ ihn und die Dame und die Zofe und die Reiter und die Pater und die Treiber feierlich schwören, sich auf der Stelle nach Toboso zu begeben und dem Fräulein Dulzinea zu berichten, wie heldenhaft ihr Ritter gekämpft habe. Die anderen schworen in ihrer Herzensangst alles, was er hören wollte, und machten sich schleunigst aus dem Staube. Sie fuhren und ritten aber ganz und gar nicht nach Toboso, sondern nach Sevilla, ihrem Reiseziele.

Während Sancho Pansa Don Quichottes halbes Ohr mit Salbe bestrich und dann bandagierte, sagte er gutmütig: »Ritterschaft ist ein anstrengender Beruf, gnädiger Herr. Kämpfen Sie doch, bitte, etwas weniger als bisher! Ich brauche kein Königreich. Strengen Sie sich nicht so an! Eine Grafschaft mittlerer Größe genügt mir.«

Das verhexte Wirtshaus

Doch auch weiterhin litten sie an Abenteuern keinen Mangel. Wer sich einbildet, ein Ritter zu sein, obwohl es keine Ritter mehr gibt, der erlebt sein blaues Wunder an jeder Straßenecke. Einmal befreite Don Quichotte ein Dutzend gefesselter Galeerensträflinge, weil er sie für bedauernswerte und zu Unrecht verhaftete Bürgersleute hielt. Ein andermal, mitten in der Nacht, überfiel er, weil er ein dunkles Verbrechen vermutete, eine Schar frommer Mönche, die einen Sarg zum nächsten Friedhof trugen. Und wieder ein andres Mal verwechselte er eine Hammelherde mit feindlichen Truppen und spießte mit seiner Lanze sieben Schafe auf.

Wer Schläge austeilt, kriegt auch Schläge. Er und Sancho Pansa hatten überall gelbe, blaue und grüne Flecke. Sie hinkten und hatten Beulen. Und beiden zusammen fehlten neun Backenzähne. Auch Rosinante und der Esel waren strapaziert und ruhebedürftig. Und so beschloß man, ein paar Tage in einem Wirtshause zu bleiben, das am Wege lag.

Auch diese Schenke hielt er für eine Burg! Und weil von der Decke seiner Kammer riesige Weinschläuche aus gegerbten Ochsenhäuten herabhingen, träumte er schon in der ersten Nacht, die Burg sei verzaubert und verhext, und Riesen und Zauberer kämen in die Kammer, um ihn umzubringen. Da packte er den Degen, der neben dem Bett lag, sprang mit einem Satz aus den Federn und hieb und stach auf die prallen Ochsenhäute ein, daß der Rotwein aus allen Löchern und Nähten spritzte.

Sancho Pansa, der Wirt und ein paar Gäste wurden von dem Getöse geweckt, zündeten Kerzen an, gingen dem Lärme nach, rissen die Kammertür auf und erstarrten vor Schreck. Der Fußboden war rot. Der Ritter war rot. Sein Bett war rot. »Hilfe!« rief Sancho Pansa. »Mein Herr wird ermordet!« Denn er und die Gäste glaubten, der rote Wein sei Blut. Nur der Wirt wußte es besser und begann zu zetern. »Mein schöner, guter, teurer Rotwein!« rief er wütend und wollte dem Ritter in den Arm fallen. Doch der focht wie der Teufel und stieß immer neue Löcher in die Weinschläuche. Erst als sie bis auf den letzten Tropfen leergelaufen waren, konnte man Don Quichotte mühsam zu Bett bringen.

Während die Gäste in ihre Zimmer zurückgingen, sagte der eine: »Ich habe es deutlich gesehen – der Ritter kämpfte mit geschlossenen Augen! Vielleicht ist er ein Schlafwandler?« »Nicht daß ich wüßte«, gab Sancho Pansa zur Antwort. »Er war nur müde.« »Menschen, die müde sind, fechten nicht«, meinte ein andrer. Da sagte Sancho Pansa stolz: »Wir schon!« Der Wirt aber jammerte in seiner Stube, bis der Morgen graute.

Der Ritter zwischen Himmel und Erde

Don Quichotte war davon nicht abzubringen, daß die Weinschläuche Riesen und Zauberer gewesen seien und daß er viel eher Lob als Vorwürfe verdiene. Schließlich gab Sancho Pansa dem Wirt für den vergossenen Rotwein heimlich ein paar Goldstücke, und somit waren alle zufrieden. Der Wirt hatte sein Geld. Der Ritter hatte seine Riesen und Zauberer. Und die Gäste hatten ihren Spaß.

So waren alle damit einverstanden, als Don Quichotte am

nächsten Abend verkündete, die Burg müsse des Nachts bewacht werden und er selber wolle die erste Nachtwache übernehmen. Er werde gut aufpassen, daß sich nicht neue Riesen und Zauberer ins Schloß schlichen, um die gestrigen zu rächen. Als es dunkel wurde, nahm er die Lanze, stieg aufs Pferd und postierte sich im Hof. Pferd und Reiter rührten sich nicht und sahen aus wie ein Denkmal.

Als die anderen schliefen, kletterten Maritorne, das Dienstmädchen, und die Tochter des Wirts kichernd auf den Heuboden, dessen Luke zum Hof hinaus ging. Dann riefen sie Don Quichotte herbei und erzählten ihm, flüsternd und mit verstellter Stimme, eine abenteuerliche Geschichte. »Ich bin das Burgfräulein«, wisperte die Wirtstochter, »und, ach, Herr Ritter, ich liebe Euch!« »Der Burggraf, ihr strenger Vater, hat sie deshalb hier oben eingesperrt«, flüsterte Maritorne. »Helft mir in den Burghof!« bat die Wirtstochter. »Hebt mich auf Euer Roß, und reitet mit mir davon!« »Sie wird Euch bis ans Ende der Welt folgen«, versicherte das Dienstmädchen. »Und wenn auf Eurem Pferd noch ein dritter Platz frei ist, komm auch ich mit!«

Don Quichotte wurde angst und bange. Er sagte: »Eure Liebe ehrt mich, edles Fräulein, aber meine Dame ist Dulzinea von Toboso, und ihr bin ich treu!« Da begann die Wirtstochter zu weinen. Und Maritorne bat: »So gebt ihr wenigstens die Hand zum Abschied!« »Die Hand, die ich so liebe!« seufzte die Wirtstochter kläglich. Da stieg der Ritter tatsächlich auf Rosinantes Sattel und steckte seine Hand in die Bodenluke. Darauf hatten die zwei Mädchen nur gewartet! Sie warfen eine feste hänfene Schlinge über die Hand, banden das Ende des Stricks an einen Dachbalken und rannten lachend in ihre Betten.

Nun stand Don Quichotte also auf seinem Pferd, hatte die Hand in der Schlinge und konnte nicht vor und nicht zurück! Zum Glück war der Gaul müde und verschlafen und rührte sich nicht von der Stelle. Aber die Stunden vergingen langsam. In der Ferne schlugen die Turmuhren. Die Nacht ließ sich viel Zeit. Und dem Ritter taten die Knochen weh. Er stand und stand und stand und brachte die Hand nicht aus der Schlinge. Die Sonne ging auf. Die Vögel sangen. Don Quichotte stand und konnte sich nicht rühren.

Gegen Morgen sprengten vier Reiter in den Hof. Sie und ihre vier Pferde hatten Hunger und Durst, und die Männer riefen laut nach dem Wirt. Plötzlich bemerkten sie den Ritter, der in voller Rüstung, mit erhobner Hand und mit dem Gesicht zur Wand auf der Rosinante stand, und sie wunderten sich sehr. Auch eines ihrer vier Pferde wunderte sich und trabte näher. Da drehte sich Rosinante neugierig um, tat einen Schritt zur Seite – und schon hing Don Quichotte, zwischen Himmel und Erde, in der Luft!

Er hing in der Luft und schrie wie am Spieße, weil der Strick nicht nachgab und der Arm und die Hand aus den Gelenken gesprungen waren. Maritorne, das Dienstmädchen, lief rasch auf den Heuboden und schnitt den Strick vom Balken. Im gleichen Augenblick fiel der Ritter krachend mitten in den Hof. Man hob ihn auf, trug ihn ins Bett und renkte ihm die Knochen wieder ein. Dann wollten alle wissen, wie er denn in die Schlinge und in die Luft geraten sei. Aber er sagte nur, daß ihn gefährliche Zauberer an den Strick gehext hätten. Und mehr war aus ihm nicht herauszubringen.

Die Heimreise im Käfig

Mittlerweile wurden er und der kleine Dicke eifrig gesucht. Erstens vom Pfarrer und vom Barbier, ihren Freunden aus dem Heimatdorfe, und zweitens von der Polizei. Und weil außer Don Quichotte in ganz Spanien kein anderer Mann als Ritter umhergeritten war, fand man die beiden bald. Mit dem ausgerenkten Arm ging es wieder besser, und sie saßen vorm Gasthaus und ließen sich von der Sonne bescheinen. Über das Wiedersehen mit dem Pfarrer und dem Barbier freuten sie sich bis zu einem gewissen Grade, obwohl sie lieber unentdeckt geblieben wären. Aber über die Ankunft der Polizisten freuten sie sich gar nicht. Wer freut sich schon, wenn ihn die Polizei sucht und findet!

Man wollte ihn und Sancho Pansa verhaften! Denn sie hätten Galeerensträflinge befreit, sieben Hammel getötet, Eseltreiber verprügelt, reisende Damen belästigt, Kaufleute überfallen, eine Windmühle beschädigt, einen Trauerzug samt Sarg demoliert – kurz, die Polizei wußte recht gut Bescheid, und der Polizeihauptmann verlas eine lange Liste von schlimmen Anklagen. Da kam er aber bei Don Quichotte an die falsche Adresse! »Was fällt Euch ein?« rief der Ritter. »Ich habe Riesen besiegt, Prinzessinnen befreit, Armen geholfen, Zauberer vernichtet und feindliche Armeen in die Flucht geschlagen! Der König sollte mir eine Provinz schenken, statt Euch zu schikken! Oh, Undank ist der Welt Lohn!« Da betrachtete ihn der Hauptmann lange, und dann sagte er: »Ihr seid ja verrückt!« Als er das gesagt hatte, nahm ihn der Pfarrer beiseite und redete leise auf ihn ein. »Ihr habt ganz recht, Herr Hauptmann«, meinte er bekümmert, »mein Freund ist ein bißchen verrückt.« »Ein bißchen?« fragte der Hauptmann ärgerlich. »Ein bißchen sehr!« Der Pfarrer sagte: »Ob nun ein bißchen verrückt oder ein bißchen sehr – das ist kein Grund, ihn ins Gefängnis zu stecken!« »Wieso denn nicht?« meinte der Hauptmann. »Wenn jemand eine Hammelherde überfällt und sieben Schafe tötet, so ist es unwichtig, ob das ein Räuber oder ein Verrückter tut. Sieben tote Schafe sind sieben tote Schafe. Und Euer Freund hat mehr als sieben tote Schafe auf dem Gewissen. Er ist gemeingefährlich, und man muß ihn einsperren. Basta!«

»Überlassen Sie ihn mir!« bat der Pfarrer. »Ich bringe ihn nach Hause, und wir werden ihn nicht aus den Augen lassen. Er war ja nicht immer verrückt! Und vielleicht wird er daheim bei guter Pflege und strenger Aufsicht wieder normal!« »Und wenn er Euch unterwegs davonläuft?« fragte der Hauptmann. »Er wird mir nicht davonlaufen«, antwortete der Pfarrer. »Ich verpfände Euch mein Wort!«

So kam es, daß sich am nächsten Tag ein seltsamer Zug heimwärts bewegte: Auf einem Ochsenkarren stand ein hölzerner Käfig. In dem Käfig saß, auf Strohbündeln und mit gebundenen Händen, Don Quichotte. Und daneben ritten der Pfarrer, der Barbier und Sancho Pansa und gaben acht, daß der Ritter in seinem Käfig sitzen blieb. Um es kurz zu machen: Er blieb sitzen und fand die seltsame Heimreise sogar interessant! (Bei Verrückten soll sich einer auskennen!)

Als sie zu Hause angekommen waren, brachten sie Don Quichotte in sein Studierzimmer und sperrten ihn dort ein. Die Haushälterin und deren Nichte machten es ihm bequem, bedauerten ihn und brachten ihn gleich zu Bett. Dann ging Sancho Pansa zu seiner Frau und seinen Kindern und gab ihnen einen Kuß. »Was hast du mir mitgebracht?« fragte nach dem Kuß Frau Pansa. »Einen großen Hunger«, sagte ihr Mann und setzte sich zu Tisch. »Sonst nichts?« fragte die Frau und war sehr enttäuscht. »Das nächste Mal wird's besser«, meinte er. »Das nächste Mal kriegst du eine Insel, oder du wirst Gouverneuse.« »Was soll ich denn mit einer Insel?« fragte Frau Pansa. »Dafür ist unser Haus doch viel zu klein! Und was ist eine Gouverneuse?« »Die Frau eines Gouverneurs!« »Und was ist ein Gouverneur?« »Der Mann einer Gouverneuse!« Da sagte Frau Pansa: »Aha! So ist das!«

Wasserburg und Wellenbad

Einige Zeit ging alles gut. Don Quichotte blieb zu Hause, ließ sich mästen, schlief viel und kam langsam wieder zu Kräften. Sancho Pansa besuchte ihn täglich. Sie steckten die Köpfe zusammen, tuschelten miteinander, zwinkerten sich zu – und eines schönen Tages waren sie wieder verschwunden!

Diesmal wollten sie nach Saragossa. Weil sie gehört hatten, daß dort, am Tage des heiligen Georg, ein großes Turnier stattfinden werde. Daran wollte Don Quichotte selbstverständlich teilnehmen und als Sieger gekrönt werden. Deshalb hatte er sich auch geschworen, unterwegs keinerlei Abenteuer zu suchen. Denn er wollte pünktlich in Saragossa eintreffen. Doch die Abenteuer liefen ihm nach. Er suchte sie nicht. Aber sie fanden ihn. Und er brachte es nicht fertig, ihnen auszuweichen.

So begegneten sie zum Beispiel drei Löwen, die der General von Oran dem spanischen König als Geschenk schickte. Die Löwen lagen in Käfigen, und der Ritter hätte vorüberreiten können. Doch das ließ sein Mut nicht zu. Er zwang die Soldaten, den Käfig des größten Löwen zu öffnen. Weil er sie mit seiner Lanze bedrohte, gehorchten sie, liefen zitternd ins Feld und erwarteten Schreckliches. »Komm heraus, König der Wüste!« rief Don Quichotte und kitzelte den großen Löwen mit der Lanze. »Laß sehen, wer stärker ist!« Aber der Löwe wandte nur den mächtigen Kopf, blinzelte ein wenig, gähnte und schlief weiter. Er war zu müde, um sich zu ärgern. Und weil der Ritter wenig Zeit hatte, zog er mit Sancho Pansa unverrichteter Sache weiter.

Tags darauf stieg er angeseilt in die Höhe des Montesinos hinunter, wo vor ihm noch kein Mensch gewesen war, und als er nach Stunden wieder herauskam, erzählte er erstaunliche Dinge, die ihm unter der Erde zugestoßen seien. Sancho Pansa tat das Klügste, was er tun konnte: Er glaubte jedes Wort. – Und am Abend, als sie ein wanderndes Marionettentheater besuchten, griff Don Quichotte mit gezogenem Schwert in die Schlacht ein, die auf der Bühne stattfand! Er schlug alles kurz und klein: die Puppen, die Dekorationen und den Samtvorhang! Die Zuschauer liefen vor Schreck davon, und der Theaterdirektor brachte eine lange, lange Rechnung, die Sancho Pansa zähneknirschend bezahlte. Sonst, sagte der Direktor, werde er die Polizei holen. Und auf Polizisten waren der dürre Ritter und der kleine dicke Stallmeister ganz und gar nicht neugierig.

Im Verlauf ihrer Reise nach Saragossa erreichten sie schließlich den Fluß Ebro und fanden am Ufer ein einsames Fischerboot. »Siehst du die Barke?« fragte der Ritter. »Nein«, antwortete Sancho Pansa, »ich sehe ein Fischerboot, nichts weiter.« »Die Barke schickt uns ein Zauberer, damit wir sie besteigen und einen gefangenen König oder eine Prinzessin befreien!« Dem kleinen Dicken half kein Sträuben. Sie banden Pferd und Esel an eine Weide, kletterten in das Boot und trieben auf den Fluß hinaus. Und der Esel am Ufer brüllte kläglich.

Da sie keine Ruder bei sich hatten, machte die Strömung mit dem Boot, was sie wollte. Und weil in der Nähe eine Wassermühle mit ihren Schaufelrädern arbeitete, geriet das Boot unaufhaltsam in den Sog des Mühlwassers. Don Quichotte rief: »Siehst du die Wasserburg?«, sprang auf, daß das Boot fast gekentert wäre, und zog sein Schwert. »Es ist eine Mühle«, sagte Sancho Pansa, »und wir werden unter die Räder kommen!« Inzwischen waren die Müller mit langen Stangen und Rudern vor die Mühle gelaufen, um das Boot, wenn es den Schaufelrädern zu nahe käme, zurückzustoßen. Die Müller hatten vom Mehl weiße Gesichter und sahen wie Gespenster aus. Don Quichotte fuchtelte mit dem Schwert und rief: »Gebt Eure Gefangenen frei! Den König oder die Prinzessin, oder wer es sonst ist!« Und schon schlug er wie ein Besessener auf die Ruder und Stangen los, mit denen die Müller das Boot vor dem reißenden Strudel bewahren wollten. Dabei kenterte das Boot. Der Ritter und der kleine Dicke fielen ins Wasser. Und sie wären wie die Mäuse ertrunken, wenn nicht ein paar Fischer gekommen wären, die das gestohlene Boot suchten. Sie zogen die zwei Schiffbrüchigen aus dem Wasser und mußten zusehen, wie Don Quichottes Barke unter die Schaufelräder der Mühle geriet und zu Kleinholz verarbeitet wurde. Wieder mußte Sancho Pansa die Reisekasse zücken. Die Fischer ließen sich das Boot teuer bezahlen. Erst dann brachten sie das seltsame Paar ans Ufer zurück, wo Pferd und Esel geduldig an der Weide warteten.

»Ich schäme mich«, sagte der Ritter, »denn wir haben den König oder die Prinzessin, oder wer es sonst war, nicht befreien können.« »Ich schäme mich auch«, sagte Sancho, »denn wir haben Ihr schönes Geld zum Fenster hinausgeworfen.« Dann legten sie ihre Kleider, den Harnisch und sich selber zum Trocknen in die Nachmittagssonne. Sancho Pansa schlief ein und träumte, er habe seinen Herrn verlassen und reite eiligst nach Hause. Man träumt mitunter, was man tun möchte, aber in Wirklichkeit nie täte.

Der Flug auf dem hölzernen Pferd

Und noch immer nicht waren sie in Saragossa! Und schon wieder kam ihnen etwas in die Quere! Mitten in einem Walde trafen sie eine fürstliche Jagdgesellschaft, und der Herzog, dem der Wald und viele Dörfer und ein prächtiges Schloß gehörten, lud die zwei ein, für einige Zeit seine Gäste zu sein. Und als auch noch die Herzogin darum bat, wäre es unhöflich gewesen, nein zu sagen.

So blieben sie also im Schloß, aßen an der herzoglichen Tafel und mußten alle ihre Abenteuer erzählen. Dem Herzogpaar und deren Verwandten und Bekannten gefiel das großartig, und oft lachten sie so sehr, daß sie nicht weiteressen konnten. Nur der Pfarrer ärgerte sich gräßlich, und am dritten Abend sagte er, rot vor Zorn: »Ich habe genug davon, Herr Herzog, daß zwei Verrückte lauter Unsinn erzählen und Ihr darüber lacht! Wenn die beiden Kerle wieder fort sind, könnt Ihr mir einen Boten schicken! Bis dahin bleib ich in meinem Pfarrhaus! Gute Nacht!« Damit stand er auf und ging.

Seitdem war es nur noch lustiger im Schlosse. Die Herzogin, der Herzog und die anderen Adeligen taten, als ob auch sie, genau wie Don Quichotte, an Riesen, Zauberer, Gespenster und fahrende Ritter glaubten und konnten nicht genug darüber hören. Früher hatten sie oft Langeweile gehabt. Jetzt verflog ihnen die Zeit im Flug, und sie hatten nur eine Sorge: Don Quichotte könnte sie verlassen. Eines Tages war es soweit. Er verneigte sich vor dem Herzogspaar und sagte: »Nun hab ich Euch alle meine Abenteuer berichtet, und auch über Riesen und Zauberer hab ich Euch alles erzählt, was ich weiß. Drum laßt mich und meinen Stallmeister ziehen, damit wir in Saragossa und anderswo neue Abenteuer bestehen.« »Ihr bleibt!« rief da der Herzog. »Abenteuer gibt es nicht nur in der Ferne!« »Wenn es Abenteuer auch in der Nähe gibt«, sagte der Ritter, »dann bleiben wir noch ein wenig, Herr Herzog.«

Da rief der Herzog seine Freunde zusammen, und sie dachten sich eine unglaubliche Geschichte aus, mit der sie den Ritter überraschen und sich unterhalten wollten. Das war die Geschichte von den bärtigen Frauen, dem Zauberer Malambruno und dem Pferde Zapfenholz! Und schon am nächsten Abend setzte man das Abenteuer in Szene.

Während des Essens erschienen plötzlich mehrere Frauen mit Bärten und Haaren im Gesicht! Sie weinten, warfen sich zu Boden und baten um Hilfe. Der Riese und Zauberer Malambruno habe ihnen Bärte ins Gesicht verhext, sie aus ihrer Heimat, dem Königreich Candaya, vertrieben und geschworen, sie von den abscheulichen Haaren nur zu befreien, wenn sie den tapferen Ritter Don Quichotte fänden und dieser mit ihm, dem Zauberer, kämpfen wolle. Da sprang Don Quichotte auch schon auf und rief: »Ich will! Wo ist dieser Malambruno? Und wo ist mein Schwert?« Da antwortete die vornehmste der bärtigen Damen: »Ihr seid wahrlich Eurem Ruhme gleich! Noch heute wird Malambruno sein hölzernes Pferd durch die Lüfte schicken, damit es Euch und Euren Stallmeister zum Zweikampf in sein Reich bringt!« »Das ist nichts für meines Vaters Sohn«, sagte Sancho Pansa ängstlich.

Da kam schon ein herzoglicher Diener in den Saal gerannt und meldete, eben sei ein hölzernes Pferd, aus den Wolken herab, im Garten gelandet! Alles lief in den Garten, und dort stand tatsächlich ein Pferd mit dem seltsamen Namen »Zapfenholz«, war tatsächlich aus Holz und hatte tatsächlich zwischen den Ohren einen Zapfen, mit dem man es in der Luft lenken konnte. Nun verband man dem Ritter und Sancho die Augen, damit ihnen bei dem Ritt durch die Luft nicht schwindlig würde, setzte beide aufs Pferd und rief ihnen Abschiedsworte zu. Erst laut, dann immer leiser und leiser, damit die beiden Reiter glauben konnten, sie seien schon unterwegs und schwebten in die Lüfte. Dann schlichen sich Diener auf Zehenspitzen näher, machten mit Blasebälgen Wind und schwenkten Fackeln vor dem Pferdekopf, bis Don Quichotte und der kleine Dicke meinten, sie durchquerten Stürme und Wolken und heiße Zonen.

Der Herzog und seine Gäste umstanden stumm das Pferd, lauschten der Unterhaltung der beiden Reiter, die sich hoch in der Luft wähnten, und hielten sich den Mund zu, um nicht herauszulachen. Schließlich setzte ein Diener mit der Fackel eine Lunte in Brand. Da liefen alle zur Seite und hinter Büsche und Bäume, und schon blitzte und krachte es wie in einer Gewitterwolke! Don Quichotte und Sancho Pansa flogen nun wirklich durch die Luft, wenn auch nur für eine Sekunde! Dann fielen sie wie schwere Kohlensäcke in den Rasen und verloren die Besinnung.

Als sie wieder zu sich kamen, war das Holzpferd verschwunden. Der Herzog lag am Boden und tat, als sei er ohnmächtig geworden. Die bärtigen Damen hatten keine Bärte mehr und fielen sich in die Arme. Und neben Don Quichotte steckte eine Lanze im Gras, und an der Lanze war ein Pergament festgebunden, auf dem folgendes zu lesen war: »Ich, der Riese und Zauberer Malambruno, gebe den von mir verhexten Damen ihre Schönheit zurück. Mir hat es genügt, daß der tapfere Ritter mit mir kämpfen wollte. Deshalb war der Zweikampf selber nicht mehr nötig. Malambruno, Riese und Zauberer.«

Nun erwachte auch der Herzog aus seiner gespielten Ohnmacht. Und er und alle anderen beglückwünschten die bartlosen Damen und priesen Don Quichotte als den tapfersten Spanier, der einen Harnisch trüge. Und das war nicht einmal gelogen, denn außer Don Quichotte trug ja kein Mann in ganz Spanien noch eine Ritterrüstung...

Der Einzug in Barcelona

So trieben der Herzog und seine Leute ihren Schabernack mit dem Ritter von der traurigen Gestalt und seinem Stallmeister. Doch mit der Zeit fanden sie auch diese Possen zu langweilig. Und als Don Quichotte wieder einmal zum Aufbruch trieb, sagte der Herzog nicht nein, sondern gab den beiden Reisegeld und ließ sie ziehen. Sie ritten eilig auf Saragossa zu und wären wohl auch noch zu dem großen Turnier zurechtgekommen, wenn sie nicht, in der Nacht, einer Bande von vierzig Räubern in die Hände gefallen wären.

Der Räuberhauptmann hieß Roque Guinart, stammte aus einem vornehmen Haus in Barcelona, hielt seine Räuber in Zucht, wäre gerne wieder heimgekehrt und ein braver Mann geworden, aber er hatte zuviel Unheil angerichtet! Der Vizekönig von Barcelona hätte ihn auf der Stelle hängen lassen! So mußte er bleiben, was er geworden war: ein Räuberhauptmann. Er war ein trauriger Mensch, der es liebte, wenn die anderen lachten. Deshalb schickte er dem Don Antonio, einem alten Freund, einen Boten, der rechtzeitig Don Quichottes Ankunft in Barcelona meldete.

Don Antonio empfing also, beritten und mit vielen lustigen Kumpanen, den Ritter und dessen Diener bereits am Stadttor. Es war am Johannistag, der im Hafen und am Ufer mit einer großen Parade gefeiert wurde. Und so glaubte Don Quichotte, daß die Manöver der Segelschiffe und Galeeren, der Vorbeimarsch der Regimenter, die wehenden Fahnen und die Salutschüsse zu Wasser und zu Lande seinetwegen zu sehen und zu hören wären. Er glaubte es um so mehr, als ihn die Zuschauer, nicht zuletzt die Gassenjungen, beim Namen riefen. »Hoch, Don Quichotte! Vivat, Don Quichotte! Hurra, Don Quichotte!« Er grüßte stolz und gerührt, denn er wußte nicht, daß auf seinem Rücken ein Zettel klebte! Don Antonio hatte ihn eigenhändig und heimlich angebracht, und darauf stand: »Ich bin der tapfre Ritter Don Quichotte! Huldigt mir!«

So dachte Don Quichotte bei sich: »Das ist der schönste Tag meines Lebens!« Irren ist menschlich. Er wußte nicht, daß es der traurigste Tag seines Lebens werden würde... Als die Parade vorüber war, begegnete ihm am Strand ein anderer Ritter! Der hatte einen silbernen Mond im Schild, trug das Visier gesenkt, verstellte ihm den Weg und rief: »Meine Dame ist doppelt so schön wie die Eure!« »Ihr lügt!« antwortete Don Quichotte. »Dreimal so schön wie Eure Dulzinea von Toboso!« rief der Ritter vom Silbernen Mond. »Das sollen die Waffen entscheiden!« sagte Don Quichotte. »So sei es!« rief der andere. »Und der Sieger soll die Zukunft des Besiegten bestimmen!« Don Antonio wurde zum Schiedsrichter bestellt. Er steckte das Kampffeld ab, prüfte die Rüstungen, die Lanzen und die Pferde, bat die zwei Ritter, ihre Plätze einzunehmen und gab das Zeichen zum ersten Waffengang.

Der Kampf war kurz. Ohne die Lanze einzulegen, sprengte der Ritter vom Silbernen Mond auf die Feldmitte los. Sein Pferd war viel kräftiger und schneller als die dürre Rosinante, stieß seinen Kopf in ihre Rippen – und schon lang Don Quichotte im Sand! Der Gegner setzte ihm die Lanzenspitze auf die Brust und sagte: »Ich bin der Sieger und befehle Euch, unverzüglich nach Hause zu reiten und für ein Jahr Harnisch und Lanze abzulegen!« »Ich bin der Besiegte«, sagte Don Quichotte ernst und feierlich. »Ihr habt mein Wort, und ich werde es halten.« Dann ließ er sich aufs Pferd helfen und ritt, ohne sich umzuwenden, aus Barcelona hinaus. Sancho Pansa trabte mit seinem Esel hinterdrein.

Als sie nicht mehr zu sehen waren, fragte Don Antonio den Ritter vom Silbernen Mond, wer er sei. »Mein Name ist Simson Carrasco«, sagte der andere. »Ich stamme aus Don Quichottes Heimat und bin der Freund seiner Freunde. Wir waren seinetwegen in Sorge, und sie beauftragten mich, ihn heimzubringen. Deswegen verkleidete ich mich als Ritter. Und deswegen mußte ich ihn besiegen.« »Wird er sein Wort halten?« fragte Don Antonio zweifelnd. »Don Quichotte hält sein Wort!« gab Simson Carrasco zur Antwort und ritt in seinen

Gasthof, um die Rüstung abzulegen und sein bürgerliches Wams anzuziehen.

Don Quichotte hielt sein Wort. Als sie in einem Walde rasteten, hängte er den Harnisch, die Beinschienen, den Helm, das Schwert und die Lanze an einen alten, mächtigen Baum. Und dann ritten sie traurig nach Hause. Dort war die Freude groß. Die Haushälterin, der Barbier, der Pfarrer, die Nichte und Frau Pansa empfingen die zwei mit offenen Armen, obwohl sie ohne Königreiche und Reichtümer heimkehrten. »Wir haben euch wieder«, sagten sie fröhlich, »und das ist die Hauptsache!«

So schien alles gut. Don Quichotte wurde vernünftig und lächelte über seine Abenteuer. Und die Freunde lächelten erst recht. Doch eines Tages legte er sich zu Bett, verabschiedete sich von allen, besonders herzlich von Sancho Pansa, schloß die Augen und wachte nicht wieder auf. Don Quichotte starb mit seinem Traum.

GULLIVERS REISEN

Liebe Leser,

mein Name ist Lemuel Gulliver. Wir schreiben das Jahr 1725, und ich bin nicht mehr der Jüngste. Früher war ich Schiffsarzt, jetzt bin ich Großvater. So ändern sich die Menschen. Früher war mir England, meine Heimat, zu klein, und nun ist mir der Obstgarten, wo ich sitze und schreibe, fast zu groß. So ändert sich das Augenmaß.

 Der Obstgarten gehört zu einem alten Haus, das mir gehört, und es liegt in Redriff, an der englischen Küste. Wir haben heuer einen milden Herbst, und ich höre, weil das Küchenfenster offensteht, wie meine Frau mit den Pfannen und Töpfen klappert. Außer unserem Haus gehört mir noch ein Grundstück in Epping, wo John, unser Sohn, mit seiner Familie wohnt, und der Londoner Gasthof »Zum schwarzen Ochsen« in der Fetter Lane, den unsere Tochter Betty mit ihrem Mann bewirtschaftet. Die Kinder unserer Kinder, fünf Enkel insgesamt, sind gesund und munter, und im Juni waren alle fünf bei uns zu Besuch. Kurz gesagt, es geht uns gut.

 Von meinen Ersparnissen als Schiffsarzt hätte ich die drei Grundstücke nicht kaufen können. Beim Erwerb des Hauses mit dem Obstgarten, worin ich jetzt sitze, kam mir zupasse, daß mich Onkel William in seinem Testament mit einem Legat bedacht hatte. Doch das meiste Geld verdiente ich seinerzeit auf den Jahrmärkten. Ohne jene Einkünfte wäre ich heute kein dreifacher Hausbesitzer, sondern womöglich ein armseliger Dorfbarbier, der den Bauern die Bärte schabt und die Stockzähne reißt.

 Ja, die Jahrmärkte brachten mir ein schönes Stück Geld ein, das erste Mal im Jahre 1702, als ich aus Liliput und Blefuscu zurückgekommen war und die winzigen Pferde, Kühe und Schafe herumzeigte, die ich mitgebracht hatte. Ich brauchte nichts zu tun, als die Tierchen auf einen Tisch zu setzen, zu füttern und aufzupassen, daß sie nicht vom Tisch fielen. Meine Frau saß an der Kasse, und ganz England raste uns die Bude ein. Noch als ich das possierliche Kleinvieh weiterverkaufte, zahlte mir der Schausteller Templeton sechshundert Dukaten auf die Hand.

Im Jahre 1706, nach meiner Rückkehr aus Brobdingnag, dem Reich der Riesen, machte ich das zweite große Jahrmarktsgeschäft. Damals zeigte ich meinen staunenden Landsleuten das Hühnerauge der Riesenkönigin, das so groß war wie eine Kanonenkugel, nur nicht ganz so rund. Auch den Backenzahn ihres Leibkutschers stellte ich aus. Man hätte das Ding für einen alten, geschwärzten Schornstein halten können. Außerdem bewunderte man besonders das Schneckenhaus, worüber ich gestolpert war und mir das Bein gebrochen hatte. Sogar die meterlangen Nähnadeln erregten beträchtliches Aufsehen, und natürlich die drei Wespenstacheln, vor allem, weil ich bei dieser Gelegenheit jedesmal meinen Kampf mit den Wespen beschrieb, die größer gewesen waren als bei uns die Habichte.

Ich würzte meine Erklärungen und Beschreibungen mit Sätzen, die des Nachdenkens wert waren. An einen der Sätze erinnere ich mich noch. Er stammte von Doktor Jonathan Swift, einem hochgelehrten Manne voller Phantasie, und lautet: »Die Philosophen haben zweifellos recht, wenn sie behaupten, daß nichts an und für sich klein oder groß ist, sondern einzig und allein im Vergleich mit anderem.« Die drei Wespenstacheln schenkte ich später der Universität Oxford, in deren naturwissenschaftlichem Kabinett sie noch heute Staunen erregen.

Das alles ist rund zwanzig Jahre her. Soeben ist, aus dem Wipfel über mir, ein roter, reifer Apfel auf den Tisch gefallen, und da mußte ich an jenen Riesenapfel denken, der mich damals im Garten des Königs um ein Haar erschlagen hätte. Der königliche Hofzwerg saß versteckt im Baum und rüttelte an einem Zweig. Denn er war eifersüchtig, weil ich viel, viel kleiner war als er und ihn deshalb, seit ich am Hofe war, niemand mehr beachtete. Der Apfel, der donnernd neben mir zu Boden fiel, war achtzehnhundertundzwölfmal so groß wie unsere Äpfel. Einen Riesenschritt weiter links, und ich wäre mausetot und Apfelmus gewesen.

Eigentlich habe ich immer Glück gehabt. Sogar wenn die Schiffe, auf denen ich fuhr, im Sturm zerbrachen und versanken, wurden für mich aus den Unglücksfällen Glücksfälle. Ich kam zu den Zwergen und zu den Riesen und zu Geld. Und an Erinnerungen wurde ich reicher als ein Millionär. Ich will nicht geizig sein. Ich will sie verschenken, indem ich sie aufschreibe. Für alle Menschen, die neugierig sind. Für die Gelehrten, fürs Volk und für die Kinder.

Gullivers Reise nach Liliput

Wasser hat keine Balken

Kaum daß ich in Cambridge studiert und bei Professor Bates, dem bekannten Londoner Arzt, als Assistent allerlei Nützliches hinzugelernt hatte, ging ich zur See. Ich machte weite Reisen und verdiente dabei mein Brot. Was wollte ich mehr? Doch drei Jahre später heiratete ich, und Mary sagte, sie sei nicht nur dazu da, um ihrem Mann vom Hafen aus nachzuwinken. Deshalb versuchte ich mein Glück in London.

Doch das Glück kam nicht. Es gab genug kranke Leute, aber sie gingen zu anderen Ärzten, und das Geld, das Mary in die Ehe mitgebracht hatte, schmolz wie Butter in der Sonne. John kam zur Welt, ein Jahr später Betty, und so half es nichts: Ich mußte wieder Schiffsarzt werden. Am 4. Mai 1699 lichtete die »Antilope« in Bristol die Anker. Mary stand mit den Kindern am Kai und winkte mir nach.

Das Schiff fuhr nach Ostindien, und die ersten Monate ging alles gut. Ich hatte nicht viel zu tun. Ich behandelte einen Beinbruch, zwei Blinddärme, drei Darmkoliken, vier Furunkel und fünf hohle Zähne. Auch Wind und Wetter boten nichts Außergewöhnliches. Aber Ende Oktober gerieten wir in einen fürchterlichen Sturm, der kein Ende nehmen wollte. Drei Matrosen wurden über Bord gespült, zwei von einem Mast erschlagen, sieben starben durch Überanstrengung, die Meßinstrumente fielen aus, der Kapitän wußte nicht mehr, wo wir waren, und am 5. November lief das Schiff, bei Nacht und Nebel, auf ein Riff. Die »Antilope« zerbrach und versank.

Ich weiß nur noch, daß ich mit fünf Matrosen in einem Rettungsboot saß und daß wir aus Leibeskräften ruderten, um von dem Felsen fortzukommen. Nach ungefähr einer Stunde kenterte das Boot. Es war noch immer tiefe Nacht, und ich hielt mich mühsam über Wasser, ohne Hoffnung und dennoch entschlossen, meine letzte Minute bis zur letzten Sekunde zu verteidigen. Da, mit einem Mal, fühlte ich Grund unter den Füßen! Ich richtete mich auf. Ich watete und stolperte vorwärts. Das Wasser wurde flacher und flacher. Ich betrat festen Boden. Ich spürte kurzes weiches Gras. Wo befand ich mich? Nirgends blinkte ein Licht. Nirgends ertönte ein Laut. Nirgends gab es einen Weg oder ein Haus, nirgendwo einen Menschen. Nun, fürs erste war ich gerettet! Ich ließ mich ins Gras sinken und schlief ein.

Als ich am nächsten Morgen erwachte, schien mir die Sonne so grell ins Gesicht, daß ich mich umdrehen wollte. Doch ich konnte mich nicht umdrehen! Nun wollte ich die Hände vors Gesicht legen. Aber die Hände rührten sich nicht! Dann wollte ich mich aufsetzen. Es mißlang! Ich wollte den Kopf heben. Auch das war unmöglich! Ich konnte ihn nicht einmal zur Seite drehen, so sehr riß es mich an den Haaren. Erschöpft und von der Sonne geblendet, schloß ich die Augen. Noch einmal versuchte ich, jetzt blitzwach und mit aller Kraft, mich zu setzen, zu drehen und zu wenden. Es war alles vergeblich. Bei der leisesten Bewegung taten mir die Haut und die Haare, die Knochen und Gelenke so abscheulich weh, daß ich in einem fort »Oh!« und »Aua!« rief.

    Ich war gefesselt. Doch wer, um alles in der Welt, hatte das Kunststück fertiggebracht, ohne daß ich aufgewacht war? Und womit hatte mich dieser Mensch gefesselt? Ich spürte keine Stricke, keine Ketten, keine Eisenklammern und keine Kupferdrähte. Und trotzdem lag ich, von den Fußknöcheln bis zu den Fingerkuppen und Haarspitzen, wie angeschmiedet und festgenagelt auf der Erde. Nur die Augäpfel und die Augenlider konnte ich bewegen, sonst nichts. War ich auf eine Zauberinsel geraten? Hatte man mich verhext?

    Während ich so dalag und hilflos in den blauen Himmel starrte, spürte ich, wie irgendetwas meine Hosenbeine heraufkrabbelte und sich vielfüßig auf mir fortbewegte. Waren es Ameisen? Oder Spinnen? Waren sie giftig? Dachten sie, ich sei tot?

Als sich das verdächtige Gekrabbel meiner Brust näherte, hob ich mit einem energischen Ruck, der mir sehr wehtat, den Kopf um ein paar Zentimeter, blickte auf meine Weste, schrie auf und ließ den Kopf wieder ins Gras fallen. Das war doch nicht möglich! Wißt ihr, was ich gesehen hatte? Mindestens vierzig Menschen, keiner größer als mein kleiner Fingernagel! Alle miteinander auf meiner Brust! Und alle bewaffnet! Manche mit Lanzen und Speeren, manche mit Pfeil und Bogen, und ihr Offizier, winziger als ein Nürnberger Zinnsoldat, mit einem Degen! Fast die Hälfte der kleinen Kerle purzelte, weil ich geschrieen hatte, vor Schreck von mir herunter, und drei von ihnen brachen sich bei dem Sturz, wie ich später erfuhr, Arme und Beine.

Jetzt wußte ich also, warum ich bei Nacht geglaubt hatte, die Gegend sei unbewohnt! Ich hatte nach erleuchteten Fenstern und nach Menschen Ausschau gehalten, aber doch nicht nach Zwergen! Noch dazu nach Zwergen, die fünfzigmal kleiner waren als die kleinsten Zwerge, die ich jemals auf Jahrmärkten bestaunt hatte!

Während ich die Augen schloß, um besser nachdenken zu können, merkte ich, daß ich die linke Hand ein wenig bewegen konnte. Ich nahm alle Kraft zusammen und riß sie vom Boden los. Es gelang! Ich bekam den Arm bis zum Ellbogen frei! Drähte, dünn wie Spinnweben, und Pflöcke, zierlich wie Fliegenbeine, hingen an den Fingern und am Ärmel, kaum zu erkennen, und allesamt aus feinstem Stahl! Doch ehe ich die sonderbaren Fesseln näher betrachten konnte, prasselten mir Hunderte von winzigen Pfeilen ins Gesicht. Sie brannten wie Feuer. Zum Glück konnte ich mit der befreiten Hand die Augen bedecken! Und auch daß ich die Lederweste trug, hatte sein Gutes. So heftig und kräftig die Soldaten auf meiner Brust ihre Speere, Lanzen und Degen in mich hineinzustoßen versuchten, so wenig brachten sie zuwege, weil sich ihre Waffen im Westenleder verbogen. Trotzdem schien es mir angebracht, mich nicht mehr zu bewegen. Und kaum lag ich still, hörten sie tatsächlich auf, mich mit ihren Speeren und Pfeilen zu belästigen.

Erst nach Monaten, als ich die Landessprache verstand, erfuhr ich, daß ihr Land Liliput heiße und ein Kaiserreich sei. Die liliputanische Sprache zu verstehen, ist nicht einfach. Und zwar nicht wegen der seltsam klingenden Wörter, sondern auch, weil die Liliputaner sehr, sehr leise sprechen. Das hängt mit ihrer Kleinheit zusammen. Noch wenn ein General schnauzt oder ein Minister auf dem Großen Platz redet, klingt das für unsereinen wie Liebesgeflüster. Auch ihre Maschinen, ihre Glocken und ihre Marschmusik machen nicht den geringsten Lärm. Jedenfalls nicht für unsere großen Ohren.

Aus diesem Grunde bauten sie wohl auch, während ich in der Wiese lag, neben meinem rechten Ohr im Lauf einer Stunde ein hohes Gerüst, das dann ein bärtiger Würdenträger erkletterte. So konnte ich sein Gezwitscher wenigstens hören. Doch was nützte mir das? Verstehen konnte ich ihn ja trotzdem nicht! Deshalb rief ich, als er zu Ende gezwitschert hatte, aus Leibeskräften: »Ich habe einen Mordshunger!« Da hielt er sich vor Entsetzen die Ohren zu. Und als ich brüllte: »Herr Würdenträger, ich verdurste!«, wackelte das Gerüst, worauf er stand, wie ein Schiffsmast bei Windstärke zehn. Erst als ich mit dem linken Zeigefinger auf meinen Mund zeigte und schmatzend die Lippen bewegte, begriff er, was ich wollte, und nickte erleichtert. Er beugte sich über das Gerüst, klatschte in die Hände, gab mit seinem Zirpstimmchen Befehle, und jetzt ging alles wie der Blitz. Man hatte alles vorbereitet, und es klappte wie am Schnürchen. Das war mein Glück, denn ich hatte seit vierundzwanzig Stunden nichts gegessen und getrunken.

Erst fuhr die liliputanische Feuerwehr vor und legte ihre Brandleitern an. Und dann kletterten Hunderte schwerbeladener kleiner Kerle zu mir empor. Sie trugen Körbe mit Fleisch, Gebratenes und Geräuchertes, Säcke voller Brote und Fässer mit einem vorzüglichen Rotwein. Sie setzten ihre Lasten unter meinem Kinn ab, wo drei Dutzend mutige Matrosen darauf warteten, alles bis zu meinem Mund zu bugsieren. Der Würdenträger auf dem Gerüst beobachtete die Verköstigung durch ein Fernrohr.

Die Mahlzeit war erstklassig, wenn sie auch recht umständlich verlief. Ihr müßt bedenken, daß ich beispielsweise einen am Spieß gebratenen Ochsen, samt den Knochen, kaute und verzehrte, als sei er ein Schinkenhäppchen! Die Kalbskeulen, Hammelrücken und Schweinshaxen schütteten sie mir korbweise in den offnen Mund, die Brote im halben Dutzend und den Wein, indem sie die Faßböden aufschlugen, und noch ihr größtes Faß enthielt nicht mehr als ein Schlückchen!

Endlich hatte ich mich sattgegessen und sattgetrunken und warf, zum Gaudium der Zuschauermenge, ein paar leere Fässer hoch in die Luft. Dann bedankte ich mich, so leise wie nur möglich, für die erwiesene Gastfreundschaft und – schlief ein.

1500 Meter mit 1500 Pferden

Ich schlief ein, weil man mir Schlafmittel in den Wein getan hatte! Der Kaiser hatte durch berittene Kuriere den gesamten Schlaftablettenvorrat von neunzig Apotheken herbringen lassen und befohlen, mich auf schnellstem Wege zur Hauptstadt zu befördern. Denn er, seine Gemahlin, der Hof und die übrigen fünfhunderttausend Einwohner wollten mich unbedingt kennenlernen.

Die Liliputaner sind vorzügliche Techniker, und kaum daß ich schlief, gingen sie an die Arbeit. Sie ließen sich nicht einmal durch mein Schnarchen stören, das für sie wie Donnergrollen klang. Fünfhundert Ingenieure und Zimmerleute bauten dicht neben mir ein Fahrzeug, das meiner Länge entsprach und auf zweimal zweiundzwanzig Rädern lief. Dann pflockte man mich los und hob mich mit Hilfe zahlreicher Flaschenzüge auf das Fahrgestell. Allein hierfür brauchten neunhundert Arbeiter, die an den Stricken hingen und zogen, drei volle Stunden. Sogar die Mittagspause mußte ausfallen.

Als ich auf dem Fuhrwerk lag, wurde ich sorgfältig festgebunden, und dann endlich konnte die Reise losgehen. Ich wurde von fünfzehnhundert Pferden aus dem kaiserlichen Marstall gezogen, schlief wie ein Murmeltier und merkte von alledem nichts. Da die Hauptstadt anderthalb Kilometer von der Küste entfernt lag, mußte die seltsame Karawane nachts im Freien kampieren. Zwei Regimenter der Gardebogenschützen wachten, mit brennenden Pechfackeln in der Hand, und hatten Befehl, wenn ich aufwachen und mich rühren sollte, mit einem Pfeilhagel zu antworten. Doch ich lag still und schnarchte, daß Himmel und Erde zitterten.

In dieser Nacht konnten Tausende in der Hauptstadt keinen Schlaf finden, vor lauter Ungeduld, den »Menschenberg« zu sehen, wie man mich nannte. Sie rannten zu den Apotheken, um Schlaftabletten zu kaufen. Sie zerrten an den Nachtglocken. Doch es war zwecklos. Sämtliche Tabletten waren mir in den Wein getan worden.

Ich schlief auch noch am nächsten Tag, als wir vor den Toren der Stadt eintrafen, neben dem alten leerstehenden Tempel, den der Kaiser für mich als Unterkunft bestimmt hatte. Mindestens dreihunderttausend Liliputaner hatten sich versammelt. Viele hatten lange Leitern mitgebracht und wollten mich besteigen. Aber der Kaiser, der mit seinem Hofstaat auf der Zinne eines hohen Turms stand und mich durchs Opernglas betrachtete, hob die Absperrung erst auf, nachdem mir sein Hofschmied und dessen Gehilfen die unzerreißbare Fußkette angelegt und deren anderes Ende im Fundament des Tempels eingemauert hatten. Die Kette bestand aus neunzig schmalen Ketten und war an meinem linken Bein durch dreißig Vorhängeschlösser gesichert. Ihre Länge betrug drei Meter, so daß ich Spielraum haben würde, in den Tempel hinein- und aus ihm herauszukriechen.

Nun erst wurde ich zur Besteigung und näheren Besichtigung freigegeben, und Zehntausende machten von der Erlaubnis Gebrauch. Es ging auf mir zu, als läge ich in einem Ameisenhaufen. Sogar der Kaiser selber wollte auf mich hinauf. Doch die Kaiserin erlaubte es ihm nicht. Und das war gut so. Denn kurz danach steckte mir ein Leutnant, der sich bis auf meine Oberlippe vorgewagt hatte, aus Übermut den Degen ins rechte Nasenloch, so daß ich fürchterlich niesen mußte! Bei der Panik, die nun ausbrach, hätte dem Kaiser leicht etwas zustoßen können.

Da ich durch mein Niesen aufgewacht war, sah ich noch, wie Tausende in heller Aufregung von mir herunterkletterten und davonliefen. Ich bemerkte auch den Kaiser auf dem Turm und zwinkerte ihm lächelnd zu. Das schien ihn zu beruhigen, und er gab den Befehl, mich von meinen Fesseln zu befreien. Das war ein schweres Stück Arbeit. Aber weder der Hofstaat auf dem Turm, noch die Bevölkerung wurden des Schauspiels müde. Sie sahen staunend zu, wie ich meine Finger bewegte und die Handgelenke massierte. Sie wichen zurück, als ich den Kopf hob. Erst als mir der Monarch gnädig zuwinkte, warfen sie vor Vergnügen ihre Mützchen und Hütchen in die Luft. Als er mir mit seinem Kaiserhändchen bedeutete, ich solle aufstehen, fuhr ihnen noch einmal der Schreck in die kleinen Glieder und sie wagten nicht zu atmen.

Zunächst einmal setzte ich mich und blickte mich um. Dabei lächelte ich so sanft und friedlich wie ein Osterlamm. Trotzdem fielen zahlreiche Frauen in Ohnmacht. Sogar die Kaiserin wurde blaß und sank dem Kaiser in die Arme. Zum Überfluß brach, als ich meine Fußknöchel rieb und die Kette mit den Vorhängeschlössern betrachtete, auch noch das Fahrgestell unter meinem Gewicht zusammen. Ich war geistesgegenwärtig genug, um mich ein paar Minuten stillzuverhalten. Sonst hätte es bestimmt eine neue Panik gegeben. Ich betrachtete den Tempel und machte mit Gedanken. Er war in meinen Augen nicht höher und geräumiger als eine Hütte für einen großen Hofhund, und wie ein solcher Hund an der Kette würde ich auf allen vieren hineinkriechen müssen. Das war für einen englischen Schiffsarzt keine erfreuliche Vorstellung.

Als sich die Menge und auch der Hofstaat auf dem Turm unter mir wieder beruhigt zu haben schienen, befolgte ich den kaiserlichen Befehl: Ich stand auf. Ich erhob mich langsam zu meiner vollen Größe. Da ging ein »Ah!« der Bewunderung durch die Reihen und klang so laut, daß sogar ich es hören konnte. Und als ich mich anschließend tief verneigte, klatschte ganz Liliput samt dem Kaiser, seiner Gemahlin und den Ministern eine halbe Stunde lang in die Händchen. Das ist nicht übertrieben. Ich sah währenddem auf meine Taschenuhr.

Des Kaisers neue Sorgen

Ich kann nicht behaupten, daß ich mich in dem Tempel sonderlich wohlgefühlt hätte. Der Steinboden war kalt. Ich konnte mich nicht einmal ausstrecken oder umdrehen, weil die Tempelhalle zu schmal und zu kurz war. Und wenn ich mich im Traum aufsetzte, stieß ich mir Beulen am Kopf.

Tagsüber hielt ich mich im Freien auf. Zum Glück war, trotz des Novembers, in Liliput Sommer. Manchmal spazierte ich, mit der Kette am Bein, im Kreis um den Tempel herum. Meistens lag ich aber im Gras und wärmte mich in der Sonne. Auch das hatte seine Schattenseiten. Denn ich war immerzu von Zehntausenden staunender Liliputaner umlagert. Die Kinder spielten in meinem Haar Verstecken. Andenkenjäger kamen mit Äxten und Sägen, um meine Knöpfe zu stehlen. Ein andermal wollten mir sechs Halbwüchsige sogar die Nasenspitze abschneiden! Ich fing sie ein und behielt sie in der Faust, bis der Kaiser kam, der mir beim Mittagessen zuschauen wollte. Er sagte, ich dürfe mit den Halunken tun, was ich wolle. Da steckte ich fünf von ihnen in die Rocktasche, wo sie sich sehr ängstigten, und beim Sechsten tat ich so, als wolle ich ihn fressen. Ich riß den Mund auf und hob das Kerlchen zwischen die Zähne. Doch dann lächelte ich und ließ alle sechs laufen. Über soviel Großmut zeigten sich das Volk und der Kaiser mit Recht gerührt, und die Geschichte machte in ganz Liliput die Runde.

Trotzdem bereitete dem Kaiser meine Anwesenheit schon damals beträchtliche Sorgen. Alle wollten mich sehen und bestaunen. Die Bauern kümmerten sich nicht um die Ernte. Die Handwerker ließen die Arbeit im Stich. Die Kinder, ja sogar die Lehrer schwänzten die Schule. Die Kaufleute sperrten die Läden zu. Man fuhr und lief und ritt zum Tempel vor der Hauptstadt, um den »Menschenberg« zu betrachten. Schließlich erließ die Regierung ein Gesetz, wonach es jedem Einwohner verboten wurde, mich öfter als zweimal zu besichtigen. Wer das Gesetz übertrat, kam ins Gefängnis. Für den Kaiser selber galt das neue Gesetz natürlich nicht. Denn er hatte es ja erlassen.

Seine zweite Sorgen war nicht geringer, und am deutlichsten konnte ich sie ihm anmerken, wenn ich im Grase lag und er mir beim Essen und Trinken zusah. Sechshundert Lakaien bedienten mich. Hofkutscher fuhren mit schwerbeladenen Wagen vor, und ich kippte Speise und Trank wagenweise in den Mund. Das Gesicht des kleinen Kaisers, unter dem blitzenden Goldhelm mit dem bunten Federbusch, wurde von Fuhrwerk zu Fuhrwerk trauriger und trauriger. Eines Tages kamen ihm sogar die Tränen. Als ich ihn nach dem Grunde fragte, trat er an mein Ohr und sagte: »Lieber Doktor Gulliver, du frißt zuviel, und du trinkst zuviel. Wenn das noch lange so weitergeht, wird in meinem Reich eine Hungersnot ausbrechen.« Ich versprach ihm, mich zu bessern. Doch er antwortete, das verstoße gegen die Gastfreundschaft. Ihm werde vielleicht ein Ausweg einfallen.

Vierzehn Tage später erfanden er und seine Minister die Lebensmittelkarten. Jeder Einwohner erhielt an Fleisch, Brot, Käse, Butter, Milch, Bier und Wein, gegen Abschnitte aus Papier, nur das Notwendigste zum Leben. Und weil mich die Liliputaner gernhatten und ich erst ein paar Wochen im Lande war, fanden sie sich damit ab. Für den Kaiser selber galt das neue Gesetz natürlich nicht. Denn er hatte es ja erlassen.

Die Zeit verging und brachte, wie das so ihre Art ist, Angenehmes und Unangenehmes mit sich. Am erfreulichsten war, daß ich ein Bett erhielt. Es war aus sechshundert Liliputbetten zusammengefügt, und die Matratzen lagen dreißigfach übereinander. Jetzt endlich taten mir morgens beim Aufwachen die Knochen nicht mehr weh.

Am unerfreulichsten war, daß die Sicherheitspolizei zehn Kriminalbeamte schickte, die, zum Gaudium der Volksmenge, in meine Taschen kletterten und alle Gegenstände beschlagnahmten, die ihnen gefährlich erschienen, unter anderem den Kamm, das Taschenmesser, ein Schnupftuch, die Tabakdose, die Uhr und die Pistole samt Pulverhorn und Bleikugeln. Da sie nicht wußten, was eine Pistole sei, mußte ich sie, trotz meiner Warnungen, laden und einen Schuß abfeuern. Und obwohl ich in den Himmel zielte, fielen dreihundertsiebzehn Erwachsene und vier Kinder bei dem Knall in Ohnmacht. Einer der Polizeileute fiel nicht nur in Ohnmacht, sondern hierbei in die Tabakdose und hätte sich beinahe totgeniest.

Anschließend wurden die Gegenstände unter strenger Bewachung ins Arsenal transportiert. Die Taschenuhr hängte man an einen Baumstamm, den zwölf Möbelpacker schulterten und keuchend zur Stadt schleppten. Auf halbem Wege machten sie halt, weil sie vom Uhrenticken Kopfschmerzen gekriegt hatten. Und sie gingen erst wieder an die Arbeit, nachdem ihnen ein berittener Apotheker Watte für die Ohren gebracht hatte. Das einzige, was die Polizei nicht entdeckte, war meine Geheimtasche mit der Brille und dem Taschenfernrohr.

Trotz seiner Sorgen war mir der Kaiser wohlgesinnt. Und wenn er nicht regieren mußte, sondern nachdenken konnte, ließ er sich immer etwas Hübsches einfallen, damit ich mich nicht langweilte. So hielt er eines Tages eine große Parade ab, wobei sämtliche Infanterie- und Kavallerieregimenter mit klingendem Spiel zwischen meinen gegrätschten Beinen hindurchmarschieren mußten. Ich blickte auf die Truppen hinunter. Die Offiziere salutierten mit dem Degen. Und ich zog vor jedem Regierungskommandanten, der unter mir hindurchschritt, höflich den Hut. Die Parade verlief ohne Zwischenfälle, obwohl sie fünf Stunden dauerte und ich vorübergehend einen Wadenkrampf bekam. Einer der Professoren, die mir Unterricht in Liliputanisch erteilten, erzählte mir allerdings, ein Leutnant habe, als er unter mir durchmarschierte, hochgeblickt, über meinen fadenscheinigen Hosenboden gelacht und drei Tage Stubenarrest erhalten. Ich erwirkte beim Kaiser, daß dem jungen Mann der dritte Tag erlassen wurde.

Ein andermal ließ der Monarch mein Taschentuch aus dem Arsenal holen. Ich mußte es vielmehr auf der Erde ausbreiten und, als sich vierundzwanzig Lanzenreiter darauf versammelt hatten, ausgespannt in die Luft heben. Dort vollführten sie Scheingefechte und andere Reiterspiele so sicher und elegant, als ritten sie in ihrer Kaserne auf der Reitbahn. Leider hatte das Taschentuch ein Loch, so daß sich ein Pferd beim Galoppieren die linke Hinterhand verstauchte.

Den größten Spaß bereitete mir die öffentliche Aufnahmeprüfung für Beamtenanwärter und künftige Politiker. Sie mußten, in Gegenwart des Kaisers und einer Prüfungskommission, allerlei Kunststücke zeigen, woran man sehen konnte, ob sie sich für die Laufbahn eigneten oder ob sie zu ungeschickt seien. Sie mußten auf hohen Seilen tanzen, ohne herunterzufallen. Sie mußten Wasser auf zwei Schultern tragen, ohne auch nur einen Tropfen zu verschütten. Sie mußten auf dem Bauch unter Stricken mit Glöckchen durchkriechen, ohne sie zu berühren. Es gab Wettkämpfe im Dauerlügen, im Schlüssellochgukken, im Schuhsohlenlecken und im Herumgehen um den heißen Brei. Wer alles dies und dabei noch lächeln konnte, erhielt von der Kommission ein Empfehlungsschreiben. Die anderen fielen durch und mußten leichtere Berufe ergreifen. Sie wurden beispielsweise Löwenbändiger oder Dachdecker oder Ärzte, oder sie gingen zur Feuerwehr.

Auf Zehenspitzen durch die Hauptstadt

Der Zuneigung des Kaisers hatte ich es auch zu verdanken, daß er mir schließlich die Freiheit schenkte. Er ließ einen Vertrag aufsetzen, worin alles Erforderliche geregelt wurde. Der wichtigste Punkt war, daß ich mich verpflichtete, das Land Liliput nicht zu verlassen. Die Regierung ihrerseits garantierte mir Wohnung, Kleidung, auskömmliche Ernährung und Bedienung. Zu meinen Gegenleistungen sollte gehören, daß ich das Reich durch Abschreiten ausmäße und im Kriegsfall Hilfe leiste.

Dieser Vertrag wurde vom Kaiser und mir feierlich beschworen. Nachdem der Obersthofmeister die Paragraphen dicht an meinem Ohr verlesen und der Hofschmied mit seinen Gesellen meine Fußfessel gelöst hatte, leistete ich den Schwur in der vorgeschriebenen Weise. Ich mußte den rechten Fuß in die linke Hand nehmen, den Mittelfinger der rechten Hand auf den Kopf und den Daumen ans rechte Ohrläppchen legen. (Probiert es einmal, damit ihr seht, wie schwer das ist!) Und jetzt, nachdem ich den Eid geleistet hatte, war ich frei! Mein erster Wunsch war, die Hauptstadt besichtigen zu dürfen. Der Kaiser erklärte sich einverstanden und traf umgehend die erforderlichen Maßnahmen.

Mildendo, so heißt die Hauptstadt, ist quadratisch angelegt, und jede der vier Seiten ist hundertfünfzig Meter lang. Die beiden Haupt- und Prachtstraßen sind Mittelachsen, verlaufen rechtwinklig zueinander, und in ihrem Schnittpunkt, genau in der Stadtmitte, liegt der kaiserliche Palast. Die Häuser haben drei bis fünf Stockwerke. Die Stadtmauern sind dreißig Zentimeter hoch. Und die Einwohnerzahl, das sagte ich wohl schon, beträgt eine halbe Million.

Ich überstieg die Stadtmauer am Westtor. Die Straßen waren, wie der Kaiser verfügt hatte, menschenleer. Die Bewohner schauten aus den Fenstern. Besonders Vorwitzige hockten auf den Dächern. Es war ihr Glück, daß ich meinen Rock im Tempel gelassen hatte, aus Angst, die langen Rockschöße könnten die Dächer abdecken und die Dachrinnen losreißen.

Meist ging ich auf Zehenspitzen und machte ganz, ganz kleine Schritte. Ich setzte einen Fuß langsam vor den andern und blieb oft stehen, um mir in Ruhe alles anzusehen. Mir war, als stiege ich durch einen hundertfünfzig Meter langen und breiten Spielzeugladen, und bei jedem Zentimeter könne ich etwas zertreten. Wie recht ich daran tat, zeigte sich, als ich meinen linken Fuß in den Äußeren Palasthof setzte. Denn dort stand, in Nichtachtung der kaiserlichen Verfügung, ein Leibjäger neben einer zweispännigen Hofkutsche. Als er meinen Schuh über sich bemerkte, rannte er entsetzt davon. Und wenn ich weniger achtgegeben hätte, wäre bestimmt ein Malheur passiert.

Der Mittelhof des Palastes war so geräumig, daß ich mich hinlegen konnte. Der gesamte Hofstaat saß an den Fenstern, und am größten Fenster der Kaiser mit seiner Gemahlin. Sie rückte zur Seite, weil ich den herrlichen Saal bewundern wollte. Und als ich mich sattgesehen und bedankt hatte, reichte sie mir ihr mit Juwelen geschmücktes Miniaturhändchen aus dem Fenster, so daß ich einen Handkuß anbringen konnte. Dabei stieß ich versehentlich mit dem Kopf gegen die drei darüberliegenden Stockwerke, aber es lief glimpflich ab, denn die Palastmauern waren ziemlich stabil. Nur ein paar Hofdämchen fielen vom Stühlchen, und ein offenes Doppelfenster blieb mir in den Wimpern hängen. Der Kaiser drohte lächelnd mit dem Finger. Ich entschuldigte mich, so gut ich konnte, und machte mich behutsam auf den Heimweg. Meine Zehenspitzen taten mir noch nach Tagen weh.

Kein Land der Erde ist so klein, daß es ohne inneren Hader und äußere Feinde auskäme. Warum das so sein muß, werde ich nie verstehen, auch heute nicht, nun ich Großvater bin, aber es ist so. Und in Liliput war es nicht anders. Darüber klärte mich der Obersthofmeister, Reldresal hieß er, gründlich auf. Wenn er mich besuchte, setzte er sich auf meine Hand. Und wenn ich die Hand ans Ohr hielt, begann er zu erzählen. Ich sei ja jetzt nicht mehr ihr Gefangener, sagte er, sondern ihr Bundesgenosse, und deshalb müsse ich Bescheid wissen.

Zunächst berichtete er von den zwei großen Parteien, die sich erbittert bekämpften. Die Anhänger der einen nannten sich die Tramecksan und trugen Schuhe mit hohen »Absätzen«. Die Gegner trugen niedrige Absätze und hießen die Slamecksan. Zur Zeit seien die Slamecksan an der Macht, da der Kaiser mit flachen Absätzen regiere. Doch die Zukunft sei ungewiß, vor allem, weil die politische Haltung des Kronprinzen unklar bleibe.

Ob mir schon aufgefallen sei, daß er hinke? Der junge Mann hinke nicht etwa, weil er ein längeres und ein kürzeres Bein habe, sondern weil er einen hohen und einen niedrigen Absatz trage! Wahrscheinlich wolle er es sich mit keiner der zwei Parteien verderben und halte sein Hinken für geschickte Diplomatie. Was er stattdessen erreicht habe, sei völlige Ratlosigkeit und Verwirrung. Niemand wisse, welche der Parteien nach des Kaisers Tod an die Regierung kommen werde. Und die Zahl der Bürger, die es dem Kronprinzen gleichtäte und verschieden hohe Absätze trage, nehme täglich zu. Überall in den Straßen sähe man neuerdings Leute, auch Beamte und Offiziere, die so hinkten, daß einem übel werden könne.

Noch verderblicher, berichtete Reldresal, sei ein anderer Streit, da er schon seit Generationen herrsche und sogar zu blutigen Kriegen geführt habe. Er gehe darum, ob man das Frühstücksei am dicken oder am spitzen Ende aufschlagen solle! Weil sich einmal der Vater des jetzigen Kaisers beim Aufschlagen des Eies am dicken Ende als Kind in den Finger geschnitten hatte, war diese Art des Frühstückens für alle Zeiten verboten worden. Man mußte das Ei am spitzen Ende aufschlagen, oder man kam ins Gefängnis.

Doch die Partei der Dick-Ender ließ sich nicht unterkriegen. Elftausend ihrer Anhänger gingen freiwillig in die Verbannung und bildeten auf der Insel Blefuscu eine Gegenregierung, die vom Kaiser jener Insel unterstützt wurde. In dem Krieg, zu dem die Spannung führte, verlor Liliput vierzig Kriegsschiffe sowie dreißigtausend Matrosen und Soldaten. Die Verluste der Feinde waren noch größer. Trotzdem schürte der Kaiser von Blefuscu das Feuer weiter. Es kam zu Revolutionen in Mildendo und anderen Städten und erneut zu verlustreichen Seeschlachten.

Ich fragte, ob sich denn der Streit, an welchem Ende man Eier aufschlagen dürfe, nicht auf gütliche Weise beilegen lasse. Aber Reldresal sagte mit seinem dünnen Stimmchen: »Es geht um unsere Ehre, mein bester Gulliver. Da hat die Vernunft zu schweigen. Und wer ihr das Wort redet, ist ein Verräter.« Er fragte, ob das in meiner Heimat denn anders sei. Ich schüttelte den Kopf. »Da hast du's!« meinte er befriedigt. »Wir Liliputaner sind ein großes Volk. Doch wir sind es nur, weil unser Ehrgefühl noch größer ist.«

Das Ende einer Kriegsflotte

Seit dieser Unterhaltung ging mir Blefuscu nicht mehr aus dem Kopf. Und als ich eines Tages das liliputanische Ufer abschritt, um dessen Ausdehnung zu vermessen, holte ich mein Fernrohr aus der Geheimtasche und blickte nach der feindlichen Insel hinüber. Sie war etwa siebenhundert Meter von mir entfernt, und ich konnte die Küste deutlich erkennen. Als ich den Hafen musterte, wäre mir das Fernrohr fast aus der Hand gefallen. Denn ich entdeckte fünfzig Schlachtschiffe und eine noch größere Zahl Transportsegler, die zur Ausfahrt bereitlagen! Da galt es, keine Zeit zu verlieren. Jede Minute war kostbar.

Eilends lief ich durch die abgeernteten Felder, sprang über die Dörfer und Teiche, vermied die Landstraßen, damit ich niemanden zerträte, und hielt erst am Westtor der Hauptstadt still. Dort nahm ich einen Wachoffizier hoch und sagte ihm, ich müsse auf der Stelle den Kaiser sprechen. Es handle sich um eine Sache auf Leben und Tod. Und da ich den Verkehr in der Stadt nicht gefährden wolle, bäte ich den Monarchen, mich vorm Tor aufzusuchen. Nachdem der Offizier aufs Pferd gestiegen und zum Palast geritten war, legte ich mich ins Gras und dachte mir einen Plan aus.

So konnte ich dem Kaiser, kaum daß er aus der Kutsche gestiegen war, nicht nur erzählen, was ich gesehen hatte, sondern auch, wie ich den drohenden Krieg beenden wolle, bevor er überhaupt ausgebrochen sei. Mein Plan leuchtete ihm ein, und er erteilte alle notwendigen Befehle.

Schon nach zwei Stunden trafen Dutzende von Lastwagen

ein, und man lud neben mir Schiffstaue und Eisenstangen ab. Zwar waren die Taue dünn wie Zwirnsfäden und die Stangen nicht dicker und länger als bei uns daheim die Nähnadeln. Aber ich wußte mir zu helfen. Ich drehte so viele Taue zusammen, bis sie stark genug waren. Mit den Eisenstangen machte ich es ähnlich, und an einem Ende bog ich jedes der Stangenbündel zu einem Haken. Nun verknotete ich jeden Eisenhaken in einer Hanfschlinge und gab mich erst zufrieden, als ich fünfzig solcher Enterhaken in die Rocktaschen stecken konnte.

Endlich kam auch die Feuerwehr, die mein Taschenmesser aus dem Arsenal geholt und, auf vier Wagen festgebunden, mühsam durch den Großstadtverkehr bugsiert hatte. Ich steckte das Messer in die Hosentasche und wollte mich vom Kaiser verabschieden. Doch er sagte, ich solle ihn bis zur Küste mitnehmen. Ich nahm ihn also in die Hand und lief mit ihm querfeldein. Unterwegs hatten wir leider einen Aufenthalt. Beim Sprung über einen Wald war dem Monarchen die Krone vom Kopf gefallen, und er mußte lange suchen, bis er sie wiederfand. Und ich mußte lange warten. Doch was half's? Man kann einen Kaiser, der seine Krone sucht, nicht mutterseelenallein im Wald lassen!

Als wir an der Küste angekommen waren, setzte ich Seine Majestät in eine Düne und watete ins Meer hinaus. Das Wasser war, wie ich ja schon von meinem Schiffbruch her wußte, für menschliche Verhältnisse nicht sehr tief. Nur nach der halben Strecke mußte ich ein paar Meter schwimmen. Dann hatte ich wieder Grund unter den Füßen und kam der Insel näher und näher. Bald konnte ich den Kriegshafen mit bloßem Auge erkennen und holte den ersten Enterhaken aus der Rocktasche.

Was sich die Bewohner der Insel und ihr Kaiser dachten, als da ein riesenhaftes, unheimliches Wesen aus dem Meere stieg und mit Siebenmeilenschritten auf sie zukam, konnte ich nur ahnen. Viel später, als ich sein Gast war, hat mir der Kaiser von Blefuscu Einzelheiten erzählt. Dreißigtausend Matrosen sprangen vor Schreck über Bord und schwammen ans Ufer. Dort standen sie dann, pitschnaß und wie gelähmt, hinter den Kaimauern und warteten auf höhere Befehle. Doch auch die nassen Kapitäne und Admirale taten nichts, als ratlos auf das Ungeheuer zu starren, für das sie mich hielten.

Nachdem ich im Hafen angekommen war, bückte ich mich und befestigte den ersten Haken am ersten Kriegsschiff. Dann holte ich den zweiten Enterhaken aus der Rocktasche und machte ihn am zweiten Schiffe fest. Ich hatte schon dreißig Kriegsschiffe an der Leine, bevor man mich mit einem Hagel von Pfeilen überschüttete.

Trotz des juckenden und stechenden Bombardements ließ ich mich nicht irremachen, vertäute die übrigen zwanzig Schiffe, so rasch und so gut es ging, packte die fünfzig Taue mit einer Hand, drehte dem Hafen und dem Pfeilhagel den Rücken und wollte mit der erbeuteten Flottille auf und davon. Aber ich kam nicht vom Fleck! Ich zog und zog. Die Schiffe schwankten und zitterten. Doch sie wichen nicht von der Stelle. Die Pfeile schwirrten. Die Pfeilspitzen brannten auf der Haut. Und ich stand im Wasser, als sei ich festgenagelt. Woran konnte das denn liegen?

Endlich begriff ich, was los war: Die Schiffe waren noch verankert! Ich mußte wohl oder übel bei allen fünfzig Fahrzeugen die Ankertaue kappen! Und wenn ich mein Taschenmesser nicht dabeigehabt hätte, wäre ich ganz und gar ohne die feindliche Flotte nach Liliput zurückgekommen. Ich klappte das Messer auf, kniete mich ins Wasser und begann die Ankertaue durchzuschneiden. Das war ein mühsames Geschäft. Und als mir einer der Pfeile mitten ins Auge flog, hätte ich am liebsten alles stehen, liegen und schwimmen lassen. Der Augapfel brannte wie Feuer. Zum Glück fiel mir ein, daß sich in meiner Geheimtasche nicht nur das Fernrohr, sondern auch die Brille befand! Eiligst kramte ich sie hervor, setzte sie auf die Nase, und nun, da die Augen geschützt waren, gab ich nicht eher nach, als bis ich, mit der gesamten Kriegsflotte im Schlepptau, ins Meer hinauswatete.

Halb Liliput erwartete mich am Ufer. Die Begeisterung war ungeheuer. Man hatte einen Krieg gewonnen, ohne ihn geführt zu haben, das erlebt man nicht alle Tage! Ich übergab die fünfzig Schiffe dem Kaiser, und er übergab sie den Admiralen, die sie fünfzig Kapitänen übergaben. Sie waren alle miteinander völlig aus dem Häuschen, und der Kaiser sagte mir ins Ohr, daß er mir diese Tat nie vergessen werde. Dann ernannte er mich zum Nardak, also zum höchsten Würdenträger seines Reiches, und erhob mich in den erblichen Grafenstand. (Demnach könnte ich mich seitdem, auch in England, als »Graf von Liliput« bezeichnen. Doch ich habe von dem Titel niemals Gebrauch gemacht. Ich erzähle es nur der Vollständigkeit halber.)

Die Pfeilwunden wurden mit einer Heilsalbe aus der Hofapotheke kuriert. Und den Widerhaken, der im Augapfel steckte, entfernte der Leibarzt seiner Majestät, wobei er sich mit seiner Instrumententasche wie ein Bergsteiger anseilen lassen mußte, weil er sonst womöglich während der Operation von meinem Gesicht heruntergefallen wäre.

Auch sonst war der Kaiser sehr huldvoll. Schon am nächsten Tage, sagte er, wolle er den Obersthofschneider schicken, um mir ein neues Hemd anmessen zu lassen, aus feinstem Leinen, wie sich das für den Nardak gezieme, und wenn der Stoff in Liliput dafür ausreiche, auch einen gräflichen Anzug.

Ein neues Hemd und neue Feinde

Der Obersthofschneider kam mit dreihundert Gehilfen und zweihundert Näherinnen. Ich mußte mich auf den Boden legen. Leitern wurden aufgestellt. Man nahm mir stundenlang Maß. Dann mußte ich knien, und man nahm mir noch einmal Maß. Schließlich mußte ich mein altes Hemd ausziehen, und auch das wurde gemessen. Anscheinend ergab jede Art der Messung andere Resultate. Als man sich gar nicht einig wurde, maß der Obersthofschneider höchstpersönlich meinen Daumen und errechnete, nach einer nur ihm bekannten alten Geheimformel, wie lang und breit das Hemd und die Ärmel sein müßten.

Mit dem Anzug kam man nicht zurande, weil im gesamten Reich nicht soviel Stoff der gleichen Sorte und Farbe aufzutreiben war, wie man gebraucht hätte. Aber das Hemd, hundertfach aus kleinen Rechtecken zusammengenäht, das wurde fertig. Ich besitze es heute noch. Es liegt im Schrank, oben im Schlafzimmer, und ich werde es der Londoner Schneiderakademie vererben.

Besonderen Spaß machte es mir, den zweihundert Näherinnen bei der Arbeit zuzusehen. Denn die Nähnadeln waren so klein, daß ich sie nicht sah. Und wenn die Mädchen den Zwirn einfädelten, sah ich weder die Nadel, noch das Öhr, noch den Faden, sondern nur die winzigen, eifrigen Hände. Trotzdem ist das Hemd heute noch in bestem Zustande.

So war ich nun also Nardak und Graf, wurde vom Volk verehrt, hatte ein neues Hemd und glaubte, alles sei in bester Ordnung. Wie man sich doch täuschen kann! Seit meinem Sieg über die Flotte hatte ich heimliche Feinde, aber nicht etwa in Blefuscu, sondern in Liliput! Und wißt ihr, wer der mächtigste unter diesen Feinden war? Der Kaiser selber!

Einen Tag nach meiner siegreichen Rückkehr hatte er mir befohlen, noch einmal hinüberzuwaten und auch die Transportschiffe zu holen. Dann sei Blefuscu völlig hilflos. Dann könne er die Insel besetzen, zu einer Kolonie machen und die ausgewanderten Liliputaner, die das Frühstücksei am dicken Ende aufschlügen, gefangennehmen oder, was noch klüger sei, an Ort und Stelle hinrichten lassen.

Ich hatte mich geweigert. Ich hatte ihn beschworen, sich mit den fünfzig Kriegsschiffen zufriedenzugeben. Der Kaiser von Blefuscu werde sich auf Jahre hinaus hüten, Liliput anzugreifen, und das sei doch gewiß wichtiger als alter Haß und neues Blutvergießen. Die Feinde, hatte ich gesagt, würden bestimmt um Frieden bitten, und ein vernünftiger Friedensschluß sei tausendmal besser als der vollkommenste Sieg. Denn Unmäßigkeit räche sich nicht nur beim Essen und Trinken, sondern auch beim Erobern. Auch an Besiegten könne man sich überfressen.

Der Kaiser hatte den Kronrat einberufen, und der Kronrat hatte nicht ihm, sondern mir rechtgegeben! Und als eine Abordnung aus Blefuscu gekommen war und um Frieden gebeten hatte, war tatsächlich ein ziemlich vernünftiger Friedensvertrag unterzeichnet worden! Die Abordnung hatte sich bei mir bedankt und mich eingeladen, ihre Insel zu besuchen und Ehrengast ihrer Regierung zu sein!

Die Zahl meiner Feinde wurde immer größer, und man schreckte nicht vor Verleumdungen zurück. So verbreitete man, die Frau des Finanzministers Flimnapp habe sich in mich verliebt und wolle meinetwegen ihren Mann verlassen. Daran war kein wahres Wort. Sie besuchte mich nicht öfter, als es die anderen Damen vom Hofe taten. Und wenn wir uns unterhielten, stand immer auch ihre Kutsche auf meinem Tisch, und der Kutscher hielt die Pferde. Schon deshalb wäre es unmöglich gewesen, Heimlichkeiten auszutauschen.

Doch Gerüchte sind hartnäckig. Flimnapp sperrte seine Frau zu Hause ein und verlangte, daß man mir den Prozeß mache. Noch sträubte sich der Kaiser. Erst nachdem ich den Brand im Palast gelöscht hatte, war er einverstanden. Doch das ist ein Kapitel für sich.

Brenzlige Geschichten

Wenn man sich seine Feinde nur durch Übeltaten erwürbe, wäre das Leben einfach. Dann wäre alles im Lot, falls man nichts Böses täte. Doch auch durch Wohltaten schafft man sich Feinde. Und das erst macht das Leben schwer. Man hilft ihnen, und womit bedanken sie sich? Mit Undank. Weil ich ihm einen Krieg erspart hatte, war mir der Kaiser gram. Und weil ich den Palast rettete, haßte mich die Kaiserin. Daß die Art und Weise, wie ich den Brand löschte, nicht sehr fein war, weiß ich selber.

Doch es blieb mir keine andere Wahl. Andernfalls wäre bestimmt der ganze Palast, vielleicht die gesamte Hauptstadt ein Raub der Flammen geworden. Doch ich will es der Reihe nach erzählen.

Im Palastflügel der Kaiserin war eine Hofdame beim Lesen eines spannenden Romans fest eingeschlafen. Ein Windzug hatte die brennende Kerze umgeworfen. Bald brannten die Vorhänge, das Bett und die Möbel, und ehe es jemand bemerkte, brannten zwei Stockwerke und das Dach. Nun wurde die liliputanische Feuerwehr alarmiert. Die Löschzüge sausten klingelnd durch die Stadt. Leitern wurden angelegt. Wasser wurde gepumpt. Eimer wurden nach oben gereicht. Aber die Leitern waren zu kurz, die Eimer zu klein, und das Wasser wurde knapp.

Leider entschloß sich der Kaiser erst jetzt, mich durch Staffetten wecken und holen zu lassen. Ich stieg, wie beim ersten Besuch, wieder beim Westtor über die Stadtmauer. Die Bevölkerung drängte sich in den Straßen, und wenn nicht Vollmond gewesen wäre, hätten meine Schuhe viel Unheil anrichten können. So aber sah man meinen Schatten im Mondschein, und alles rannte in die Häuser. Schließlich stand ich im Innenhof und blickte auf den brennenden Dachstuhl hinunter. Was konnte ich tun? Mit meinem Rock hätte ich die Flammen ersticken können, doch ich hatte ihn, wie beim ersten Besuch, wegen der langen Rockschöße im Tempel gelassen.

Zunächst bückte ich mich und spuckte ins Feuer, und schon das war nicht fein. Ein Kavalier spuckt nicht auf Paläste, auch nicht, wenn sie brennen. Schlimmer war, daß die Spuckerei nichts half. Die Flammen griffen bereits auf den Hauptpalast über. Ich war ratlos. Da mit einem Mal, kam mir der rettende Gedanke! Und weil es keinen anderen Ausweg gab, führte ich den Plan aus. Liebe Leser, ich möchte mich so vornehm wie möglich ausdrücken, um euer Feingefühl nicht zu verletzen. Nun denn: Ich tat, was kleine Jungen, wenn sie viel Limonade getrunken haben, hinterm Haus oder im Walde tun. Ihr habt es schon erraten? Ganz recht! Und was sämtlichen Löschzügen der hauptstädtischen Feuerwehr nicht gelungen war, dem Schiffsarzt Gulliver, einem einzigen Menschen, gelang es! Die Flammen wurden kleiner und kleiner. Das Feuer erlosch. Der Palast, bis auf den Flügel der Kaiserin, war gerettet, und die Stadt Mildendo dazu!

Der Palast und die Stadt waren gerettet. Und ich? Ich war, ohne es zu ahnen, verloren. Ich hatte das Feuer auf meine Weise gelöscht, weil es anders nicht zu löschen gewesen wäre. Daß die Methode nicht ganz stubenrein war und mir von zimperlichen Kreisen verübelt werden konnte, leuchtete mir ein. Ich rechnete ja auch nicht mit der Goldenen Rettungsmedaille, aber ebenso wenig mit schnödem Undank.

Ich hatte die Rechnung ohne die Kaiserin und ihre Hofdamen gemacht. Sie waren allesamt empört und sannen auf Rache. Die Gelegenheit dazu fand sich ohne große Mühe. Denn es gab ein altes Gesetz, wonach das, was ich getan hatte, in den Höfen des kaiserlichen Palastes bei Todesstrafe verboten war! Auf dieses Gesetz pochend, bestürmte die Kaiserin ihren Mann, mich unverzüglich köpfen zu lassen.

Doch der Kaiser erklärte, was ich getan hätte, hätte ich nicht aus Übermut getan, sondern um Liliput zu helfen. Und über diesen ungewöhnlichen Fall stünde nichts im Gesetzbuch. Außerdem gäbe es im ganzen Lande nicht so viel Eisen, um daraus eine Axt zu schmieden, mit der man mir den Hals abschneiden könne. Und sogar wenn man die Axt zustandebrächte, wo lebe ein Henker, der groß und stark genug sei, sie hochzuheben und niedersausen zu lassen?

Die Kaiserin hatte sich scheinbar gefügt. Sie hatte getan, als ob sie des Kaisers Gründe einsähe. Insgeheim aber gab sie ihre Rachegedanken nicht auf. Sie zettelte eine regelrechte Verschwörung an. Sie gewann Flimnapp, den Finanzminister, und den obersten Admiral für ihre Pläne. Und mit den zwei Herren, das wußte ich, war nicht gut Kirschen essen.

Eines Nachts wisperte es neben meinem Kopfkissen. Es war mein Freund Reldresal, der Obersthofmeister. Er gebot mir zu schweigen, damit niemand meine Stimme höre. Sonst werde es ihm übel ergehen, denn er sei gekommen, um mich zu warnen. Dann setzte er sich auf mein Ohrläppchen und berichtete, was sich in der letzten Kabinettssitzung zugetragen habe. Mir standen die Haare zu Berge!

Flimnapp, der Finanzminister, und der Admiral hatten der Regierung eine Anklageschrift vorgelegt, worin sie zwar dem Kaiser zustimmten, daß es unmöglich sei, den »Menschenberg« zu köpfen. Da er aber nicht nur das für die Palasthöfe geltende Gesetz übertreten, sondern auch dem Kaiser nicht gehorcht habe, als dieser ihm befahl, den Rest der feindlichen Flotte einzufangen, müsse man auf der Todesstrafe beharren. Und wenn eine Hinrichtung durchs Beil nicht durchführbar sei, habe man die Pflicht, einen anderen Weg zu finden.

»Wir schlagen eine Todesart vor, die keine Schwierigkeiten bereiten dürfte«, hatte Flimnapp geäußert. »Wir werden Gulliver vergiften. Wir besetzen zunächst sein Haus mit zwanzigtausend Soldaten und lähmen ihn durch Pfeilbeschuß. Dann bestreichen wir sein Bett, sein Hemd und ihn selber mit unserem Gift »Forte«. Alles andere wird er ohne unser Zutun besorgen. Er wird sich die Haut vom Leibe reißen, um seine Schmerzen zu mildern. Und da auch er, so groß er ist, ohne Haut nicht leben kann, wird er sterben. Er wird sich selbst hinrichten, ob er will oder nicht. Ich und meine Freunde beantragen, über den Vorschlag abzustimmen.«

Der Kaiser hatte den Vorschlag abgelehnt. Er sei zwar nicht mehr mein Freund, doch er bestehe auf einer Bestrafung, die Gulliver freiwillig annehmen werde. Damit hatte er die Sitzung unterbrochen.

Nach der Mittagspause hatte der Erste Staatssekretär einen neuen Vorschlag gemacht. Man solle mich zunächst blenden und dann, um Liliputs Ernährungslage zu bessern, Schritt für Schritt verhungern lassen. Daraufhin hatte der Kaiser geantwortet: »Ich bin damit einverstanden, wenn auch der Anklagte zustimmt. So will es das Recht, und so fordert es die Vernunft. Denn wenn er sich sträuben sollte, könnte er, blind am Verhungern, in seiner Raserei unser gesamtes Reich zertrampeln und verwüsten.«

»Deswegen«, sagte Reldresal, »kommt morgen früh eine Delegation zu dir.« »Was will sie?« fragte ich. Er antwortete: »Deine Zustimmung.« »Ich soll zustimmen, daß man mir das Augenlicht raubt und mich verhungern läßt?« »Wenn du dich weigerst, werden die Anhänger der Kaiserin andere Mittel und Wege finden, dir den Garaus zu machen.«

»Was rätst du mir?« fragte ich. »Du mußt fliehen«, erklärte er, »und zwar, bevor der Tag anbricht!« – »Gut«, antwortete ich, »aber vorher werde ich das Kaiserreich Liliput in Grund und Boden trampeln.« Da fiel er auf meinem Ohrläppchen in die Knie und weinte. Seine kleinen Tränen tropften mir heiß ins Ohr, und er bat mich, sein Vaterland zu verschonen. Er flehte solange, bis mein Zorn geschmolzen war. »Meinetwegen!« sagte ich. »Aber nur dir zuliebe, Reldresal! Erzähle das dem undankbaren Kaiser!« »Niemals!« rief er aus. »Wenn er erführe, daß ich dich heute gewarnt habe, wäre es um mich geschehen!«

Kaum daß es dämmerte, verließ ich Liliput, wo ich neun Monate und dreizehn Tage zugebracht hatte, und ging so arm, wie ich gekommen war. Nur die Bettdecke, die man mir genäht hatte, nahm ich mit. Und außerdem das größte Kriegsschiff der liliputanischen Marine. Ich verstaute die Bettdecke und die Schuhe und Strümpfe zwischen den Masten und watete ins Meer hinaus. Wohin? Zunächst nach Blefuscu.

Heimkehr und Abschied

Als ich mich dieses Mal der Insel und dem Hafen näherte, hatte die Bevölkerung keine Angst vor mir. Sogar der Kaiser von Blefuscu kam an den Kai und begrüßte mich aufs freundlichste. Ich bat ihn, da ich auf der Flucht sei, für einige Zeit um Gastfreundschaft. Nachdem er gesagt hatte, er habe keineswegs vergessen, daß ich sein Reich vor der Unterjochung und Sklaverei errettet hätte, machte ich ihm das liliputanische Kriegsschiff zum Geschenk. Da wurde er noch freundlicher.

Leider gab es keinen leerstehenden Tempel, worin ich schlafen konnte. Er versprach, mir ein Haus bauen zu lassen. In etwa fünf Monaten sei es bezugsfertig. Ich lehnte höflich ab. Denn bis dahin hoffte ich, wieder in England und bei meiner Familie zu sein! Er fragte, ob meine Frau auch so groß sei wie ich. Und als ich das bejahte, sagte er, wie froh er sei, daß er keine so große Frau habe. Dann fragte ich, ob seine Frau auch so klein sei wie er. Und als er nickte, sagte ich, wie froh ich sei, daß ich keine so kleine Frau hätte. Dann lachten wir beide. Er war überhaupt ein lustiger Kaiser und lachte gern.

Ich übernachtete also im Freien und wickelte mich fest in die Bettdecke. Die Verpflegung am nächsten Tag ließ nichts zu wünschen übrig. Ärgerlicherweise kamen, genau wie anfangs in Liliput, Zehntausende von Besuchern, um mich zu bestaunen. Ich erzählte dem Kaiser, wie sehr dieser Völkerwanderung der liliputanischen Industrie und Landwirtschaft geschadet habe. Deshalb erließ er ein Verbot mit schweren Strafen. Und so hatte ich bald die gewünschte Ruhe.

Wenn ich nicht gerade schlief oder aß, musterte ich durch mein Taschenfernrohr das Meer und den Horizont. Irgendwann mußte doch einmal ein Schiff auftauchen, das mich zu den Menschen zurückbrachte! Doch das Meer und der Horizont blieben leer. Da ließ der Kaiser an alle Küstenbewohner den Befehl ergehen, überall Posten aufzustellen und den Ozean keine Minute unbeobachtet zu lassen. Wer etwas Auffälliges bemerke und melde, erhalte eine hohe Belohnung: einen Knopf von meiner Jacke.

Schon tags darauf kam ein Kurier und meldete, ein Fischerjunge an der Westküste habe weit draußen im Meer ein riesengroßes gekentertes Schiff treiben sehen! Ich stürzte zum Meeresufer, und was sah ich? Zwar kein riesengroßes gekentertes Schiff, aber immerhin ein Ruderboot, groß genug für drei bis vier Menschen! Ob es jenes Boot war, worin ich mich zu retten versucht hatte, als die »Antilope« untergegangen war? Hatte es der Ozean fast zehn Monate für mich aufbewahrt? Ich watete hinaus und holte es an Land. Und welcher Schiffsname, glaubt ihr, stand am Bootsrand zu lesen? »Antilope!«

Diese Fügung machte mir neuen Mut. Nachdem ich mich bei dem kleinen Fischerjungen bedankt und mir einen Knopf von der Jacke abgeschnitten hatte, den er vergnügt nach Hause rollte, bat ich den Kaiser um Bauholz für Masten und Ruder. Er schenkte mir einen Wald und schickte fünfhundert Forstarbeiter und achthundert Schiffsbauer zuhilfe.

Nach vier Wochen war das Boot seetüchtig. Vierhundert Fleischer und Köche beluden es mit geräuchertem Fleisch von hundert Ochsen, zweihundert Schweinen und dreihundert Hammeln, mit tausend frischen Broten und zahlreichen Fässern mit Wasser und Wein. Auch einige lebende Milchkühe, Schafe und Pferde machte mir der Kaiser zum Geschenk, sowie das nötige Futter für die niedlichen Tiere, und dann brachte er mich persönlich zum Hafen. Als ich auf das Meer hinausruderte, winkte er mir freundlich nach. Und seine Untertanen winkten mit ihm.

Das geschah am 24. September 1701. Das Meer war friedlich, und auch sonst brachte mir das alte Boot unverhofftes Glück. Schon am dritten Tag sichtete mich ein Kauffahrteischiff, welches kurz darauf zum Zeichen, daß man mich bemerkt habe, eine Kanone abfeuerte und die Flagge hißte. Es kam aus Japan und segelte nach England zurück. Man setzte zwei Boote aus und holte mich samt meinem Boot an Bord.

Endlich war ich wieder unter Menschen! Noch dazu unter Landsleuten! Ganz richtig wurde mir das erst klar, als der Kapitän eine Mahlzeit auftischen ließ. Der Koch brachte mir ein Hammelkotelett, das fast so groß war wie mein Handteller! Und einen Krug mit schäumendem Bier aus Liverpool! Den ersten Schluck werde ich bis an mein Lebensende nicht vergessen.

Nachdem ich mir den Mund gewischt hatte, konnte der Kapitän seine Neugier nicht länger bezwingen. Die »Antilope«, sagte er, sei mit Mann und Maus untergegangen, und auch der Schiffsarzt Lemuel Gulliver, für den ich mich ausgäbe, habe auf der Totenliste gestanden. Nun erzählte ich ihm also meine Abenteuer. Er hielt mich für einen Aufschneider, bis ich ihm die winzigen und possierlichen Kühe, Schafe und Pferde zeigte, die ich bei mir hatte. Nun war er endlich überzeugt.

Am 13. April 1702 landeten wir in England. Mary, meine Frau, und die beiden Kinder fielen vor Freude in Ohnmacht. Anschließend fielen sie mir um den Hals. Und dann zogen sie rasch die Trauerkleider aus, die sie seit Monaten trugen. Nachdem ich mich ein paar Wochen ausgeruht hatte, zogen wir auf den Jahrmärkten umher, zeigten der staunenden Welt mein niedliches Kleinvieh und verdienten eine Menge Geld. Doch das habe ich schon in der Vorrede erzählt.

So ging es uns recht gut, und ich wäre gern daheimgeblieben. Doch im August erhielt ich ein Schreiben der Ostindischen Handelsgesellschaft, worin sie mich an unseren Vertrag erinnerte und mir mitteilte, daß ich, da ich erfreulicherweise noch am Leben sei, im September auf dem Schiff mit dem Namen »Abenteuer« die nächste Reise antreten müsse. Mary und die Kinder wollten mich nicht fortlassen. Doch ein Vertrag ist nun einmal ein Vertrag, in England mehr noch als anderswo. Und so mußte ich wieder an Bord.

»Es hilft nichts«, sagte ich zu Mary. »Und außerdem, das fühle ich, gibt es diesmal kein Unglück.« Wie sehr ich mich irren sollte, lest ihr im nächsten Kapitel. Als das Schiff die Anker gelichtet hatte, winkten wir einander zu. Mary und John und Betty standen am Kai und wurden immer kleiner, bis sie mir so klein vorkamen wie eine Frau und zwei Kinder aus Liliput oder Blefuscu.

Gullivers Reise nach Brobdingnag

Der erste und der zweite Riese

Am Kap der Guten Hoffnung kamen wir, obwohl uns ein Orkan ziemlich zusetzte, mit einem blauen Auge davon. Immerhin entschloß sich der Kapitän, in einer Bucht zu überwintern, damit die Schiffszimmerleute ein Leck und andere Sturmschäden reparieren könnten. Erst am 26. März 1703 setzten wir wieder Segel.

Nachdem wir die Straße von Madagaskar passiert hatten, gerieten wir erneut in einen schlimmen Sturm. Diesmal manövrierte der Kapitän noch glücklicher. Das Schiff erhielt kaum einen Kratzer. Aber die Meßgeräte waren in Unordnung geraten, so daß wir nicht mehr wußten, wo wir uns befanden. Noch bedenklicher war, daß unser Vorrat an Trinkwasser knapp wurde.

Deshalb warfen wir, als wir am 16. Juni eine umfangreiche Insel entdeckten, sofort Anker und setzten ein Ruderboot mit leeren Fässern und Kanistern aus. Ich befehligte die Bootsmannschaft. Als wir an Land gegangen waren, sahen wir uns nach fließendem Wasser um. Da wir nichts fanden, ordnete ich an, daß wir getrennt landeinwärts gehen sollten, damit jeder auf eigne Faust Wasser suchen könne. Eine Stunde später wollten wir uns wieder am Boot treffen. Wenigstens einer von uns, sagte ich, werde schon einen Bach oder eine Quelle ausfindig machen.

Nach einer Stunde vergeblichen Suchens kehrte ich zum Strand zurück. Aber das Boot war nicht mehr da! Ich blickte zu unserem Schiff hinüber, und dabei sah ich auch das Boot. Die Matrosen ruderten mit äußerster Kraft auf das Schiff zu, wo man wild durcheinanderlief und alle Vorbereitungen traf, das Boot einzuholen und die Anker zu lichten. Was für ein Unheil war im Gange? Was bedeutete der immense, unheimlich sich dem Boot nähernde Schatten auf dem Wasser? Ich blickte hoch und erstarrte! Noch heute rieselt mir ein Schauder über den Rücken. Was, glaubt ihr, sah ich? Einen Riesen!

Einen Riesen? Einen zweibeinigen Kirchturm! Eine Kreatur, mindestens zwanzig Meter hoch! Mit Beinen wie Brückenpfeiler! Mit Armen wie Windmühlenflügel! Mit einem Gesicht wie ein Mensch, aber wie abscheulich und furchterregend in seiner Größe. Das Monstrum stapfte mit Siebenmeilenschritten ins Meer hinaus und wollte das Boot einfangen, als sei es, samt den Matrosen, nichts weiter als etwa ein erschrockner Hering. Ich wartete vor lauter Angst nicht ab, was mit dem Boot und dem Schiff geschähe, sondern machte kehrt und rannte, so rasch mich meine Füße trugen, vom Ufer fort.

Erst viel später erfuhr ich, wie das Abenteuer ausgegangen war. Der Kapitän hatte einen wohlgezielten Kanonenschuß abfeuern lassen. Die von der Pulverhitze glühende Kugel war dem Riesen in den vor Staunen halboffenen Mund gefahren und hatte ihm die Zungenspitze verbrannt. Er war stehengeblieben, um die Kanonenkugel auszuspucken und die Zunge zu befühlen. Inzwischen wurde das Ruderboot an Bord geholt. Die Anker wurden gekappt. Und weil der Wind günstig war, konnte das Segelschiff in letzter Minute entkommen.

Ich hatte mich, vor Erschöpfung und Furcht nur noch taumelnd, irgendwo auf die Erde geworfen. Als ich, wieder etwas ruhiger atmend, die Augen aufschlug, sah ich, daß ich in einem Urwald lag, doch der Wald war gelb. Die Stämme waren kerzengerade und ragten, zehn Meter hoch und mehr, in den Himmel, gelb und dick wie gigantischer Bambus. Am seltsamsten wirkten die Wipfel. Sie erinnerten an Kornähren, an Roggen und Weizen, nur ins Riesenhafte vergrößert. Und je länger ich in die blonden Wipfel starrte, umso klarer wurde es mir: Ich lag in einem gewaltigen, unabsehbaren Kornfeld, gelb und reif zur Ernte für Riesen wie den Kerl, der das Boot hatte fangen wollen!

Plötzlich zuckte, obwohl die Sonne schien, ein breiter Blitz durch die Luft, fuhr sausend in den gelben Getreidewald, und schon fiel ein Waldstück, nicht weit von mir, prasselnd und krachend zu Boden! Hunderte der Kornbäume hatte der Blitz mit einem Schlag bis zu den Wurzeln gefällt! Noch während ich vor Angst aufschrie, fuhr ein zweiter Blitz durch die Luft! Wieder knickten Hunderte von Stämmen um, als sei ein gewaltiges Rasiermesser zur Erde gefahren! Und hoch über der Lichtung, die entstanden war, turmhoch darüber, erblickte ich jetzt das schwitzende Mondgesicht eines Riesen, der noch größer und unheimlicher wirkte als vorhin das Monstrum im Meer!

Der Kerl wischte sich den Schweiß vom Gesicht. Mit der anderen Pranke stützte er sich auf einen Mastbaum und schnaufte, daß die Luft zitterte. Dann spuckte er in die Hände, hob den Mastbaum hoch über den Kopf, und jetzt sah ich, daß es eine Sense war! Der Riese war ein Bauer oder ein Knecht und mähte das Kornfeld, das für mich ein gelber Urwald war! Ich warf mich zu Boden und preßte den Kopf in die Furche. Wieder hörte ich, wie ein Geviert des Kornwalds umstürzte. Jetzt mußte ich handeln. Flucht war sinnlos. Wenn ich liegenblieb, konnte ich zertreten oder von den Halmen erschlagen werden.

Deshalb lief ich dem Riesen entgegen, kletterte, nicht weit von ihm, an einem der Halme hoch, hielt mich fünf Meter über der Erde am Stamme fest und hatte wieder einmal, wie so oft in meinem Leben, mehr Glück als Verstand. Mit dem nächsten Schritt, den der Riesenkerl machte, blieb er dicht vor mir stehen. Ich hatte sein Knie vor der Nase und zerrte aus Leibeskräften an seiner Hose. Dazu schrie ich wie am Spieß. Er schien zu stutzen, mochte denken, ihn zwicke ein Käfer, bückte sich, sah mich und hob mich hoch. Er hielt mich vorsichtig zwischen zwei Fingern und sperrte vor Staunen das Maul auf. Es war groß wie ein Scheunentor, und die Zähne glichen zwei Reihen von Grabsteinen auf einem Friedhof. Ich faltete die Hände wie ein frommes Kind und schrie, so laut ich konnte: »Bitte, bitte, tu mir nichts!«

Endlich machte er sein Scheunentor wieder zu, warf die Sense hin, ballte die Hand, mit der er mich hielt, zur Faust und rannte mit mir davon. Ich bekam in der Faust kaum Luft. Außerdem wurde mir von seinen Sprüngen übel und schwindlig. Und das einzige, was ich denken konnte, war: ›Nun bist du selber der Liliputaner, mein lieber Gulliver! Und wenn der Sensenmann so böse sein sollte, wie er groß ist, dann gute Nacht!‹

Große Leute, großer Lärm

Als der Riesenlümmel schließlich stillhielt und die Faust öffnete, war ich halb bewußtlos. Ich hatte keine Ahnung, wo ich mich befand, und merkte nur, daß er sich über mich beugte und vorsichtig anhauchte, wie es bei uns daheim die Kinder mit schlafenden Marienkäferchen machen. Ein besonders böses Ungeheuer konnte er also kaum sein. Trotzdem hätte mich sein Atem beinahe durch die Luft gewirbelt.

Was mich jedoch viel, viel mehr störte, war der ständig wachsende Lärm! Meinen Ohren war zumute, als träfen zehn schwere Gewitter aufeinander! Es dröhnte, brüllte, quiekte, juchzte, meckerte und lachte so wild durcheinander, daß mir, dem abgehärteten Schiffsarzt und Seefahrer, die Tränen kamen. Ich blickte hoch und sah mehr als ein Halbdutzend Riesengesichter, groß wie Turmuhren, die mich verwundert und vergnügt anstarrten.

Wollt ihr wissen, wo ich war? Ich lag auf einem Tisch, aber auf was für einem! Er war vierzig Meter lang, fünfzehn Meter breit und acht Meter hoch und stand in einer Bauernstube, die kein Ende zu nehmen schien. Der Riese, der mich im Kornfeld aufgelesen hatte, war ein Knecht. Er war mit mir, so rasch er konnte, ins Haus gelaufen, und die Gesichter, groß wie Turmuhren, die mich nun angafften, gehörten dem Bauern, seiner Familie und dem Gesinde.

Die Leute sahen zum Fürchten aus. Die Bärte standen wie borniges Gestrüpp um den Mund. Die Poren in der Haut glichen Erdlöchern. Als mich das Baby auf dem Arm der Bäuerin mit einer der riesigen Patschhände packte und in den zahnlosen Mund stecken wollte, kam mir im letzten Augenblick die

Frau zu Hilfe. Sie nahm mich dem Kinde weg und sagte: »Pfui! Spinnen ißt man nicht!« Hielten mich die Riesen tatsächlich für eine Spinne? Merkten sie nicht, daß ich ein gebildetes und denkendes Wesen war? Ich versuchte nun, ihnen zu zeigen, daß ich alles andre als eine Spinne oder dergleichen sei. Ich zog den Hut, verbeugte mich tief, schwenkte den Degen, machte wie bei Hofe einige wohlgezirkelte Schritte und überreichte dem Bauern meine Geldbörse. Weil er mit dem winzigen Ding nichts anzufangen wußte, holte ich meine Barschaft heraus und legte ihm die Münzen auf die Hand. Er schien gar nicht zu merken, daß es sich um Geld handelte, obwohl sogar zwei goldne Dukaten dabei waren, sondern schnippte alles miteinander achtlos beiseite, und ich mußte tüchtig hinter den rollenden Münzen auf dem Tisch hin und her rennen, bis ich sie wieder beisammen hatte. Das machte der Runde ein Riesenvergnügen, und sie wollten sich kranklachen, sogar das Baby.

Später setzten sich alle an den Tisch und aßen zu Mittag. Die Schüssel mit dem Fleisch maß gut und gern fünf Meter im Durchmesser. Und schon jetzt zeigte sich die Zuneigung der neunjährigen Tochter. Sie legte kleine Fleischbrocken neben mich und schaute entzückt zu, wie ich mein Eßbesteck aus der Rocktasche holte und mit Messer und Gabel hantierte. Beim Trinken half sie mir, indem sie mich an den Rand ihres Glases hielt und das Glas vorsichtig neigte. So konnte ich trinken, ohne zu ertrinken. Die Kleine war zehn Meter groß und behandelte mich von Anfang an, als sei ich ihr Riesenspielzeug und sie meine Puppenmutter. Mit Vornamen hieß sie Glumdalclitch, aber weil mir das zu umständlich war, nannte ich sie schon nach ein paar Tagen Glumda. Sie rief mich »Grildrig«. Das heißt »Männchen«. Wenn man bedenkt, daß mich die Leute in Liliput »Menschenberg« genannt hatten, merkt man so recht, wie rasch und gründlich sich die Zeiten ändern können.

Als mich Glumdas Bruder, ein Jahr älter als sie, an den Beinen packte und durch die Luft schwenkte, gab ihm der Vater eine Ohrfeige, die bei uns in England eine ganze Reiterschwadron vom Sattel gefegt hätte. Der Junge steckte sie ein, ohne mit der Wimper zu zucken. Immerhin bewahrte ich ihn vor dem zweiten Schlag. Ich fiel vor dem Bauern auf die Knie und bat um Gnade. Auch das trug mir bei der Familie von Anfang an beträchtliche Sympathien ein.

Sogar die Haustiere im Zimmer schienen mich gut leiden zu können. Wahrscheinlich war ich ihnen viel zu klein, als daß sie mich hätten beißen oder kratzen mögen. Die Katze, die auf den Tisch gesprungen war, blickte mich zunächst mißtrauisch an. Dann aber wedelte sie mit dem Schwanz und begann zu schnurren. Sie mochte so viel wiegen wie drei Ochsen aus Yorkshire, und das Schnurren klang, als surrten in einer Strumpffabrik zwanzig Webstühle. Die Dogge war so groß wie zwei Elefanten übereinander, und der Windhund war noch um einen halben Elefanten größer. Doch auch die beiden Hunde wedelten mit den Schweifen. Sie mochten denken: ›Das Kerlchen ist so winzig, daß er uns nicht viel wegfressen wird!‹

Nach dem Mittagessen trug mich Glumda ins Kinderzimmer und legte mich auf ihr Bett. Dann ging sie mit den anderen aufs Feld, und ich schlief auf der Stelle ein. Nicht einmal den Degen hatte ich, vor lauter Müdigkeit, abgeschnallt, und das war mein Glück. Denn als ich aufwachte, weil mich etwas Kaltes, Feuchtes beschnupperte, sah ich, daß es zwei entsetzlich große Ratten waren! Da sprang ich hoch, zog den Degen und wehrte mich meiner Haut wie ein Stierkämpfer. Als ich der einen Ratte den Bauch aufgeschlitzt hatte, sprang die andre vom Bett und verschwand. Auf dem Bett sah es aus wie in einem Schlachthaus. Ich fand keinen Schlaf mehr und ging im Bett auf und ab, bis Glumda zurückkam. Sie schlug die Hände über dem Kopf zusammen, legte mich in ihre Puppenwiege und verstaute sie auf dem Kleiderschrank. Nun war ich in Sicherheit und schlief bis zum nächsten Morgen.

Ich sagte schon, daß mich Glumda vom ersten Augenblick behandelte, als sei ich ein lebendiges Püppchen. Dabei blieb es. Sie wusch mich. Sie nähte mir Hemden und Röcke und machte das sehr geschickt. Leider waren die Stoffe viel schwerer als unsere Wolle und Leinwand, so daß ich mich, wenn ich auch nur zehn Minuten darin herumspaziert war, gleich wieder hinlegen und schlafen mußte. Da ich im ständigen Umgang mit dem Riesenkind sehr bald die Landessprache lernte, klagte ich ihr mein Leid, und sie ließ mich deshalb mein altes Hemd und den englischen Rock tragen, ohne mir böse zu sein. Auch in einem anderen Punkte gab sie nach. Sie hatte sich nämlich angewöhnt, mich an- und auszuziehen, wie das Mädchen mit ihren Puppen zu tun pflegen. Ich aber sagte, daß sich das doch wohl nicht gehöre. Denn ich sei älter als ihr eigner Vater, und ein verheirateter Mann und studierter Schiffsarzt sei ich außerdem. Sie war ein vernünftiges Kind, und so durfte ich mich künftig selber an- und auskleiden, wie ich es gewöhnt war.

Meine Anwesenheit sprach sich schnell herum, und nach Feierabend kamen die Bauern aus der Nachbarschaft, um »das Männchen« anzustaunen. Unter den Besuchern war ein als besonders geizig verschriener Gutsbesitzer, der meinen Bauern auf eine häßliche Idee brachte. Mit mir sei doch ein Haufen Geld zu verdienen! »Wo denn?« fragte mein Bauer. »Auf dem Jahrmarkt!« gab der Gutsbesitzer zur Antwort. »Großartig!« rief der Bauer, »ich gebe dir ein Viertel der Einnahmen ab.« – »Nein«, sagte der andre, »ein Drittel!«

Kinder unter zehn Metern zahlen die Hälfte!

Nun wurde ich also selber auf dem Jahrmarkt ausgestellt und vorgeführt, wie ich es in England mit den Pferden, Kühen und Schafen aus Blefuscu getan hatte! Liebe Leser, es war eine anstrengende Zeit. Schon der Ritt auf die Märkte machte mich fast krank. Auf einem dreißig Meter hohen Pferd! Neben der Satteltasche des Bauern baumelte eine Spanschachtel, die mit Heu ausgepolstert war und im Deckel fünf Luftlöcher hatte, damit ich nicht erstickte. Ich wurde trotz des Heupolsters, besonders beim Trab, von einer Schachtelwand zur andern geschleudert, daß mir Hören und Sehen verging. Kein Wunder, daß ich außer Beulen und blauen Flecken auch noch den Heuschnupfen bekam! Deshalb mußte ich während der Vorstellungen häufig niesen, was mir, obwohl es den Besuchern großen Spaß machte, sehr peinlich war. Zum Glück durfte Glumda die Tournee mitmachen und gab mir, sooft ich geniest hatte, ein neues Taschentuch.

Vor der Bude stand zu lesen: »Hier sehen Sie den Zwerg der Zwerge! Mikroskope sind an der Kasse erhältlich! Kinder unter zehn Metern zahlen die Hälfte!« Der Bauer verkaufte die Eintrittskarten, und sein Kompagnon, der geizige Gutsbesitzer, saß daneben und zählte das Geld. Der Andrang war ungeheuer.

Was ich dem Publikum darbot, war im Grunde nicht der Rede wert, und ich mußte immer wieder staunen, wie begeistert man war. Glumda stand auf einem Schemel, stellte mich vor und gab Obacht, daß ich bei meinen bescheidenen Kunststücken nicht vom Tisch fiel. Während ich mit dem Degen Fechtübungen vorführte, erzählte sie den Riesen, wie ich eine Ratte erstochen hatte. Dann schwang ich den Hut und gab auf des Mädchens Fragen nach meinem Namen, nach meiner Heimat und nach meinen Abenteuern Antwort, so laut ich konnte. Am besten gefiel jedesmal mein Bericht über Liliput und Blefuscu. Daß ich, der Zwerg der Zwerge, in Ländern gewesen sei, wo ich als Riese gegolten hätte, fand man über alle Maßen komisch und erklärte einstimmig, ich sei nicht nur das kleinste Lebewesen, sondern zugleich der größte Lügner, den es unter der Sonne gäbe. Abschließend trank ich aus Glumdas Fingerhut, der mit Wein gefüllt war, aufs Wohl der Anwesenden.

Zwölf Vorstellungen fanden täglich statt. Zwölfmal tat und sagte ich dasselbe, und ich kam mir vor wie ein dressierter Pudel. So ging es von Markt zu Markt, von Stadt zu Stadt, immer hoch zu Roß und jedesmal über Tausende von Kilometern, weil ja auch das Land riesengroß war, nicht nur die Bewohner, das Korn, die Tische und die Schüsseln. Wir reisten mit zwei Pferden. Auf dem einen ritt der geizige Kompagnon mit dem Geldsack. Auf dem andren saßen der Bauer, Glumda und ich.

Zu meiner Erleichterung hockte ich nicht mehr in der Spanschachtel, sondern in einem Kasten, der eigens hierfür angefertigt worden war. In dem mit weichem Tuch ausgeschlagenen Kasten stand ein Puppenbett für mich, und Glumda hielt ihn auf dem Schoß. Manchmal nahm sie mich heraus und erklärte mir die Gegend. Viel sah ich nicht. Denn die Pferde trabten mindestens zehnmal so schnell wie unsre englischen beim schnellsten Pferderennen. Nach acht Wochen, solange hatte die Tournee gedauert, näherten wir uns dem Höhepunkt der Reise, der Hauptstadt des Königreichs. Ihr Name lautet Lorbrulgrud, und das bedeutet »Der Stolz der Welt«. Am 26. Oktober 1703 trafen wir dort ein.

Eine Puppenstube nach Maß

Lorbrulgrud hat sechshunderttausend Einwohner. Sie wohnen in achtzigtausend Häusern, und Wohnhäuser mit drei- bis vierhundert Meter Höhe sind keine Seltenheit. Die Stadt wird von einem Fluß geteilt, der zehnmal so breit ist wie der Nil bei Regenzeit, und die Brücken scheinen kein Ende zu nehmen. Das größte und weitläufigste Gebäude ist der königliche Palast, und seine Höfe, Gärten, Säle, Zimmer und Stallungen erstrecken sich über eine Fläche von dreihundert Quadratkilometern. Das ist eine grobe Schätzung, nichts weiter. Meinen Versuch, die Mauern abzuschreiten, gab ich nach drei Marschtagen auf, weil ich merkte, daß ich mich verzählt hatte. Ich weinte vor Verdruß und Erschöpfung. Und wenn mich Glumda nicht wie eine Stecknadel gesucht und gefunden hätte, wäre mir die Palastvermessung übel bekommen. Sie zankte mich aus, und ich versprach, nichts mehr ohne ihr Wissen zu tun.

Ich war überhaupt recht erschöpft und magerte zusehends ab. Mehr als sechs Vorstellungen am Tag hielt ich nicht aus. Das ärgerte den Bauern und den Geizhals außerordentlich; denn gerade in der Hauptstadt war der Zulauf besonders groß. Einmal brach ich, schon während der fünften Vorstellung, ohnmächtig zusammen und hätte mich beinahe mit dem eignen Degen aufgespießt! Glumda beschwor ihren Vater, die Tournee abzubrechen. Doch er und der Kompagnon dachten nur ans Geldverdienen und sagten, sie solle den Mund halten.

Da kam der Zufall zuhilfe. Eine Hofdame hatte der Königin von mir erzählt, die daraufhin den Wunsch äußerte, den Zwerg der Zwerge persönlich kennenzulernen. Ich gab in ihrem Salon eine Galavorstellung, und sie war so begeistert, daß sie mich dem Bauern für tausend Goldstücke abkaufte. Er strahlte, und Glumda schluchzte. Ich bat die Königin, das Kind nicht von mir zu trennen. Sie zeigte sich gnädig und streckte mir die Hand zum Kuß hin. Ich umfaßte ihren kleinen Finger mit beiden Armen und drückte meine Lippen dankbar auf den majestätischen Fingernagel.

So blieb Glumda bei Hofe und sorgte für mich wie bisher. Der Hoftischler baute mir nach ihren genauen Angaben ein behagliches Schlafzimmer. Die Zimmerdecke war abnehmbar, damit das Kind morgens mein Deckbett herausholen und lüften oder frisch überziehen konnte. Die Möbel wurden am Fußboden festgeschraubt, wie man es in den Schiffskabinen macht. Die Tür hatte Schloß und Riegel, damit ich mich vor den Ratten nicht zu fürchten brauchte. Und Glumdas wegen war das Kästchen mit einem Tragbügel versehen. So konnte sie mich, wohin sie auch ging, jederzeit bequem mitnehmen.

Mittags trug sie mich im Kästchen in die Gemächer der Königin, mit der ich zu speisen pflegte. Ich aß an einem kleinen Tisch, mitten auf der königlichen Tafel. Besonders interessant ging es mittwochs zu. Denn da nahm der König an der Tafel teil. Zuweilen brachte er Gelehrte mit, und er und die Professoren bestürmten mich mit tausend Fragen. Zunächst hielten sie mich für eine einmalige Rarität oder, wie einer der Gäste sich auszudrücken pflegte, für einen »Scherz der Natur«.

Sie wollten nicht glauben, daß es Wesen wie mich millionenfach gäbe und daß auch wir in Staaten und Städten lebten, in Krieg und Frieden, mit Königen, Ärzten, Theologen, Richtern, Generälen und Steuereinnehmern. Sie meinten, wir seien für Recht und Ordnung und Wissenschaft viel zu klein. Ich behauptete, daß derartige Leistungen nicht von der Körpergröße abhingen und der Verstand nicht von der Hutnummer. Mein wichtigstes Argument war der Hinweis auf Liliput und Blefuscu, wo man ja noch viel, viel kleiner sei als in Europa und trotzdem Paläste baue, Gesetze erlasse und sich die Haare kämme. Liliputaner, Menschen und Riesen, sagte ich, seien die gleichen Geschöpfe. Ich könne es beschwören. Sie seien nur verschieden lang und breit. Dieser Unterschied verleite zu Fehlschlüssen und Vorurteilen, die man sich aus dem Kopfe schlagen müsse. Selbst bei mir daheim seien die längsten Leute noch lange nicht die gescheitesten.

Leider nahm auch der Hofzwerg an den Mahlzeiten teil. Ich habe den Kerl schon im Vorwort erwähnt. Erinnert ihr euch? Wie er sich in einem Apfelbaum versteckt hatte und ich von einem der riesigen Äpfel beinahe erschlagen worden wäre? Ganz recht, von ihm ist die Rede, von diesem buckligen Burschen, der mir einen Streich nach dem anderen spielte! Er war bei Hofe, bis ich auftauchte, außerordentlich verhätschelt worden. Denn er maß nur sechs Meter. Doch mit mir verglichen war er viel zu groß. Das wurmte ihn.

So warf er mich einmal, beim Nachtisch, in das Sahnekännchen, und ich wäre unweigerlich ertrunken, wenn mich Glumda nicht herausgefischt hätte. Die dicke süße Sahne hatte mir die Augen verklebt und den Anzug ruiniert, und der Halunke wollte sich kranklachen. Das Lachen verging ihm erst, als ihn die Königin zwang, die Sahne bis zum letzten Tropfen auszutrinken. Nun lachten die anderen bei Tische. Und so wurde seine Wut auf mich noch größer.

Er war es auch, der den Wespenschwarm ins Zimmer ließ. Ich hatte es einzig meiner Geistesgegenwart und meinem Degen zu verdanken, daß ich drei der fliegenden Raubtiere erlegte und den Rest in die Flucht schlug. Ein andermal stopfte er mich, ohne daß es jemand bemerkte, beim Essen in einen hohlen Markknochen. Und wenn Glumda nicht meine Schuhe gesehen hätte, die aus dem Knochen herausschauten, wäre ich sicher, samt dem Knochen, von einem der Jagdhunde gefressen worden.

Auch an der Geschichte mit dem Affen des Küchenjungen trug natürlich der Zwerg die Schuld, obwohl man sie ihm nicht nachweisen konnte. Nur er konnte die Tür zu Glumdas Zimmer leise geöffnet und das unheimliche Tier hereingelassen haben. Ehe das Kind es sich versah, hatte mich der Affe gepackt, kletterte mit mir aus dem Fenster und, an der Regenrinne empor, aufs Dach. Glumda rannte hilferufend in den Palasthof. Und als nun die Lakaien, Mägde und Wachtposten zusammenliefen, schrien und drohten, sprang der Affe vor lauter Angst von einem Dach aufs andere. Erst als der Küchenjunge, von einer Dachluke aus, das Tier mit einem Stück Zucker lockte, ließ es sich am Kragen packen. Der Arzt verordnete mir zehn Tage Bettruhe, und die Königin verordnete dem Zwerg zehn Tage Stubenarrest bei Wasser und Brot. Außerdem wurde ihm für ein Jahr die Teilnahme an der königlichen Mittagstafel verboten.

Obgleich man den Zwerg bestrafte und mich schützte, spürte ich, daß man sich insgeheim über mich lustig machte. Sogar der König und die Königin schienen nicht zu begreifen, welche Angst einen Menschen packen muß, der von einem acht Meter großen haarigen Affen über Dächer geschleppt wird, die mehr als einen halben Kilometer von der Erde entfernt sind! Ihre Späße kränkten mich täglich mehr, und je mehr ich mich kränkte, um so stärker wuchs mein Heimweh nach England, nach Mary und den Kindern.

Geradezu beleidigt war ich, als der König an einem Mittwoch bei Tisch erzählte, daß er für mich eine Frau suche! Überall an den Küsten stünden Wachtposten und gäben acht, ob wieder einmal ein Boot mit Menschen landen und eine Frau darunter sein werde, die so klein sei wie ich selber. Die Königin war Feuer und Flamme und klatschte vor Vergnügen in die Riesenhände. Sie sprachen über mich, als sei ich ein Kanarienvogel, der keinen Appetit hat und nicht mehr singt, weil ihm ein Weibchen fehlt! Ich ersuchte die Majestäten, den leichtfertigen Plan aufzugeben. Ich sei kein Kanarienroller, sondern ein englischer Schiffsarzt! Auch Glumda fand den Plan ungehörig.

Das Haus im Meer

Als ich zwei Jahre in Brobdingnag zugebracht hatte, unternahm der König eine Besichtigungsreise durch die Provinzen, und auch ich durfte mitkommen. Zu Beginn fand vor der Hauptstadt eine Parade statt, und ich gestehe, nie eine imposantere Darbietung gesehen zu haben. Fünfundzwanzigtausend Mann zu Fuß und sechstausend Mann Kavallerie exerzierten, daß die Erde dröhnte. Die Stiefel und die Hufe donnerten im Takt, und auch der Blitz fehlte nicht. Er zuckte über den Himmel, als die Reiter vor dem König ihre sechstausend Säbel zogen und hoch durch die Luft schwangen. Es war mein Abschied von der Hauptstadt. Doch das wußte ich damals noch nicht.

Auch die Königin und zwei Prinzessinnen machten die Reise mit, und natürlich Glumda, die mich manchmal aus meinem Haus herausholte und, von der Kutsche aus, den Kindern am Wegrand zeigte. Eigentlich hatte der Leibarzt verbieten wollen, daß Glumda mitkäme, weil sie kränklich war. Es hing mit dem Wachstum zusammen. Als ich sie kennenlernte, war sie zehn Meter groß gewesen, und jetzt maß sie zwölf! So etwas strengt den Körper begreiflicherweise sehr an. Nun, das Mädchen hatte sich dem Verbot widersetzt und wich nicht von meiner Seite. Bis auf ein einziges Mal. Und dieses einzige Mal entschied über meine Zukunft!

    Der König hatte einen Ruhetag angeordnet. Wir wohnten in einem Schloß an der Küste. Glumda fühlte sich zu matt, um mich spazierenzutragen, und befahl einem Pagen, ihr Amt zu übernehmen. Er versprach ihr hoch und heilig, mich nicht aus meinem Traghaus herauszulassen und nach einer Stunde zurückzukehren. Er hielt sein Wort. Trotzdem kam er ohne mich wieder. Ich war spurlos verschwunden, samt dem Haus!

Was war geschehen? Ich kann es nur vermuten. Denn das Haus hatte ja keine Fenster, durch die ich hätte hinausblicken können. Ich merkte nur, daß ich vom Stuhl fiel und im Zimmer umherrollte, als sei ein Erdbeben ausgebrochen. Wenn die Möbel nicht am Boden und an den Wänden befestigt gewesen wären, hätte mich der Schrank oder das Bett wahrscheinlich erschlagen. So aber kriegte ich einen Bettpfosten zu packen und hielt mich mit aller Kraft fest. Das schaukelnde Haus schien in den Himmel gerissen zu werden. Dann hörte ich entsetzlich lautes Kreischen, und plötzlich stürzte das Haus in die Tiefe, bis es so hart aufschlug, daß mir Hören und Sehen verging. Nun schwankte es nur noch wie ein Schiff bei mäßigem Seegang. Ich schloß die Tür auf, öffnete sie einen Spalt, schlug sie aber entsetzt wieder zu; denn ich hatte genug gesehen: Mein Haus trieb im offnen Meer!

Ich war verzweifelt. Würde ich untergehen? Oder verhungern und verdursten? Ich versuchte das Dach fortzuschieben, das Glumda, das liebe Zwölfmeterkind, jeden Morgen mühelos abgehoben hatte. Doch ich war zu schwach und brachte es nicht zuwege. Ach, und Glumda! Wie würde sie weinen, wenn der Page ohne mich ins Schloß käme! Und wie war ich aufs Meer geraten?

Vermutlich hatte der Page mein Haus an den Strand gestellt, um Muscheln zu suchen. Dann mußte wohl ein mächtiger Seeadler das Haus erspäht und, mit dem Tragbügel im Schnabel, davongetragen haben, bis er es, im Kampf mit einem oder mehreren anderen Adlern, ins Meer fallen ließ. Ich wußte keine bessere Erklärung, und auch heute noch glaube ich, daß sie zutrifft.

So hockte ich Stunden über Stunden auf dem Bett und kam mir vor wie in einem schwimmenden Sarg. Niemand würde erfahren, was aus mir geworden sei, weder Glumda noch der König, noch meine Frau und die Kinder. Mary mußte allerdings schon seit Jahren glauben, daß ich tot sei. Nun, so hatte sie mich zu früh beweint. Es änderte nichts daran, daß es mit mir zu Ende ging. Ihre Tränen hatten sich nur im Datum geirrt.

Liebe Leser, ihr wißt, daß ich am Leben geblieben bin. Sonst könnte ich jetzt nicht in meinem Obstgarten sitzen und darauf warten, daß Mary aus der Küche herüberruft, ich möge zum Essen kommen. Ihr habt ganz recht: Ich wurde gerettet. Wie das im einzelnen vor sich ging, erfuhr ich erst, als ich in der Kajüte des Kapitäns Wilcocks saß. Bis dahin hatte ich in meinem schaukelnden Sarg nichts weiter gemerkt, als daß man an den Außenwänden und am Dach klopfte und hämmerte. Dann schien sich das Haus zu bewegen, als werde es vorwärtsgezogen. Dann wurde noch lauter und noch länger gehämmert und geklopft. Dann schwankte das Haus, als sei es eine Luftschaukel. Und plötzlich, mit einem Ruck, stand es still und rührte sich nicht mehr. Dann schlug jemand laut gegen die Tür und rief: »Ist dieses komische Gebäude bewohnt?« Ich schrie durchs Schlüsselloch: »Jawohl!« Nun brüllte jemand: »Kommen Sie heraus!« Ich schloß zögernd auf, trat ins Freie und blickte senkrecht in die Luft, weil ich ja an Riesen gewöhnt war. Doch ich sah keine Riesen. Ich war vielmehr von Menschen umringt, von Seeleuten, die ihre Pistolen auf mich gerichtet hatten. Das Haus und ich standen auf einem großen Frachtensegler! »Menschen! Richtige kleine Menschen!« rief ich begeistert und fiel dem Kapitän um den Hals. Ich befand mich auf einem englischen Schiff!

Wilcocks, der Kapitän, erzählte mir, daß ein Matrose, der im Mastkorb saß, plötzlich gerufen habe: »Im Meer schwimmt ein Haus!« Zunächst hatte es niemand glauben wollen. Denn was hatte ein Haus mitten im Ozean zu suchen? Doch dann sahen es alle, erst durchs Fernrohr, dann mit bloßem Auge, und nun wurde das größte Ruderboot ausgesetzt, um das geheimnisvolle Gebäude beizuholen und an Deck zu hieven. Die Arbeit war außerordentlich mühsam und gefährlich gewesen. Denn auf eine Fracht wie mein Haus waren die Ketten, Seile, Flaschenzüge und Matrosen nicht eingerichtet. Doch das Werk glückte. Das Haus schwenkte an Bord. Die Arbeit war getan. Jetzt galt es, das Rätsel zu lösen: War das Haus bewohnt? Man zog die Pistolen, klopfte und rief. Und dann trat ein Mann heraus, blickte erst hoch in die Luft statt geradeaus, schrie dann begeistert: »Menschen! Richtige kleine Menschen!« und fiel dem Kapitän um den Hals!

Kein Wunder, daß sich der Kapitän und die Mannschaft wunderten. Und die Geschichte, die ich erzählte, klang so verrückt, daß man an meinem Verstand zweifelte. Im Lande der Riesen sei ich gewesen? Ein kleines Mädchen namens Glumda habe das Haus wie einen Vogelkäfig in der Hand getragen? Erst als ich den Kapitän in mein Haus bat, den Schrank öffnete und ihm und den anderen den Ring und das Hühnerauge der Königin, den Backenzahn des Kutschers und die Wespenstacheln zeigte, legte sich der allgemeine Zweifel. Es waren handfeste Beweise, daß ich nicht verrückt war und nicht gelogen hatte. Außerdem hatte die Besatzung längst von meinen Abenteuern in Liliput gehört. Und wer nachweislich bei den Zwergen gewesen war, der konnte genausogut bei den Riesen gewesen sein. Ich bat den Kapitän, die Erinnerungsstücke in seiner Kajüte zu verwahren. Und das war, wie sich zeigen sollte, richtig. Denn während eines Sturms im Indischen Ozean ging das Haus über Bord. Die Ketten und Taue rissen. Ehe wir es uns versahen, war es verschwunden.

Am 3. Juni 1706 landeten wir wohlbehalten an der englischen Küste. Ich dankte Kapitän Wilcocks für seine Gastfreundschaft, mietete für den Rest meiner Barschaft zwei Kutschen – die eine für das Hühnerauge der Königin und die übrigen Raritäten, die andere für mich selber – und fuhr auf dem schnellsten Wege nach Redriff. Es war eine kuriose Reise; denn alles, was ich erblickte, die Bäume, Häuser, Pferde und Hühner, erschienen mir winzig wie Spielzeug.

Noch als ich Mary, meine Frau, umarmen wollte, bückte ich mich tief und umfaßte ihre Knie. Dann sagte ich ehrlich erschrocken: »Die Kinder sind aber klein geworden!« Woraufhin Mary gekränkt antwortete: »Was fällt dir ein, Gulliver! Sie sind doch gewachsen!« Und John fragte seine Mutter: »Warum schreit der Vater so?« Erst als ich ihnen erzählte, daß ich diesmal bei den Riesen gewesen sei, begriffen sie, daß meine Augen und Ohren und auch meine Stimme noch nicht ganz zu Hause waren.

»Als du aus Liliput zurückkamst«, meinte Mary, »waren wir dir viel zu groß, und du flüstertest, daß wir kein Wort verstanden. Heute findest du, wir seien eingeschrumpft, und brüllst, daß uns die Ohren wehtun.« Ich entschuldigte mich, so gut ich konnte. Dann gingen wir ins Wohnzimmer, und Mary brachte meine Hausschuhe. Später, beim Mittagessen, als ich die erste Scheibe Roastbeef wie ein Häppchen Nichts in den Mund stopfte, sagte John, unser Junge, zu Betty, unserer Tochter: »Wer bei den Zwergen war, hält die Menschen für Riesen.« Und Betty fuhr fort: »Ja, und wer bei den Riesen war, hält die Menschen für Zwerge.«

Mary lächelte stolz über den Verstand unserer Sprößlinge, fuhr mir übers Haar und sagte: »Ich werde dich bald wieder daran gewöhnen, daß du so klein bist wie ich und daß ich so groß bin wie du.« Ich gestehe, daß sie ihr Wort gehalten hat. Gleichzeitig gestehe ich, daß ich mein Wort, nicht wieder zur See zu gehen, nicht gehalten habe. Ich unternahm noch zwei Reisen, die nicht weniger abenteuerlich verliefen als die ersten beiden. Und auch die dritte und vierte Reise werde ich eines Tages zu Papier bringen.

So, und jetzt lege ich die Feder aus der Hand. Denn gerade hat Mary aus dem Fenster gerufen, das Essen sei fertig. Es gibt Hammelkoteletts mit grünen Bohnen. Die Hammelkoteletts bei uns in Redriff sind weder so klein wie Stecknadelkuppen, noch hängen sie nach allen Seiten über die Tischplatte. Sie haben die richtige Größe.

Ein griechischer Philosoph hat gesagt: »Der Mensch ist das Maß aller Dinge.« Ich bin kein griechischer Philosoph, sondern ein englischer Schiffsarzt außer Diensten. Doch ich teile seine Meinung. Wer jahrelang als Riese inmitten von Zwergen und als Zwerg unter Riesen gehaust hat, der weiß es zu schätzen, endlich wieder Mensch unter Menschen zu sein. Sie sind sein Maß, und hier ist sein Platz. Das, liebe Leser, wollte ich euch sagen. Und jetzt gehe ich essen.

ANHANG

Nachwort

Was haben Kinder und Jugendliche in den Jahren des Nationalsozialismus gelesen? Was war vorhanden? Was kam dazu? Was bot das nationalsozialistische Erziehungsprogramm?

Zunächst einmal muß man daran erinnern, daß die Folgen der Inflation auch 1933 immer noch zu spüren waren. Der Verlust der Vermögen und die Reduzierung der Renten hatten Armut und Sparsamkeit entstehen lassen, ergo war das Angebot auf dem Kinder- und Jugendbuchmarkt gering, die Titelzahl der Neuerscheinungen niedrig, ein Bruchteil von heute, und die selbstgemachten Kinderbücher zahlreich.

Da zur allgemeinen Sparsamkeit auch das Aufbewahren gehörte, rückten in dem Maße, in dem die nach 1933 verbotene Literatur in den Bücherschränken in die zweiten, hinteren Reihen gestellt wurde, die Jugendliteratur der Eltern in den Vordergrund. Die ehrwürdigen Jahrbücher wie *Der gute Kamerad*, die Romanreihen für junge Mädchen wie *Die Kränzchenbibliothek*, Abenteuergeschichten von Karl May bis zum Lederstrumpf und die sogenannten Kinder-Klassiker von Mark Twain bis Defoe.

Ich kam 1933 in die Volksschule, und wir lasen mit zehn Jahren Schiller – *Don Carlos* – und Felizitas Rose – *Heideschulmeister Uwe Karsten*, die Lyrik der Romantiker und *Winnie the Pooh* in der englischen Tauchnitz-Ausgabe, von einer englischen Studentin aus Oxford mitgebracht, die die Nachbarskinder in der Sprache des Landes unterrichtete, das das vermutliche und dann auch tatsächliche Ziel ihrer Flucht vor den Nationalsozialisten sein sollte.

Ich kann mich nicht daran erinnern, daß in der Schule oder in den Familien unserer Klassenkameradinnen die Hetz- und Propagandaliteratur der Nationalsozialisten aufgetaucht wäre, doch erklang in den Mädchenbüchern unterschwellig das Lob der Volksgenossenschaft, des »Gesunden und Sauberen« und Erfolg bei Menschen und im Leben hatten die Heldinnen, die schwärmerisch den Idealen des Nationalsozialismus folgten: »Du bist nichts, dein Volk ist alles.«

Selbstverständlich änderte sich auch die Schullektüre. Schlich sich in die Erdkunde der Begriff vom »Volk ohne Raum« ein, den Hans Grimm mit seinem Roman geprägt hatte, so standen in den Lesebüchern nun solche, die wir »Blut und Boden«-Geschichten nannten und in »Nacherzählungs-Aufsätzen« in ihrem einfältigen Lob des Bauerntums eher parodierten.

Am unverhülltesten aber wurden die Jungen und Mädchen durch die Texte zu indoktrinieren versucht, mit denen sie beim »Dienst« für die Hitlerjugend konfrontiert waren.

Er fand – ich kann aus eigener Erfahrung nur den des BDJM (Bund Deutscher Jungmädel) und BDM beschreiben – zweimal in der Woche statt, Mittwoch- und Samstagnachmittag, manchmal als »Fahrt« verbunden mit dem Sonntag.

Die weibliche Form der Hitlerjugend war ebenso hierarchisch gestaffelt wie die männliche, und der Dienst bezog sich meist auf die kleinste Einheit, die Mädelschaft, zu der etwa zwanzig Jungmädel oder Mädel gehörten. Im Sommer war ein Nachmittag dem Sport und der Leibesertüchtigung gewidmet. Ein Nachmittag aber – im Winter beide – fand im »Heim« statt, einem Haus, in dem die Verwaltung der größeren Gruppen – der Mädelscharen – untergebracht waren und in denen sich Räume zum Basteln, Singen und für die Schulung befanden.

Sie bildete den pädagogischen Kern der Unternehmung und war ein politischer Drill in Reinform. Die Führerinnen mußten die Fakten der nationalsozialistischen Ideologie in allen Varianten übermitteln, doch da sie meist nur ein paar Jahre älter waren als ihre Mädel und nicht immer über das Wissen und die Intelligenz verfügten, die sie zu überzeugenden Lehrerinnen gemacht hätten, gab es sogenannte Führerinnenbriefe.

Sie erschienen etwa monatlich und folgten in ihren Themen den Feier-Daten des Nationalsozialismus und denen des Jahreslaufs, die nun wiederum mit den nationalsozialistischen Ideen verbunden werden sollten. Auf diese Art und Weise wurde nicht nur das Totengedenken ein düsterer Aspekt der kindlichen Gemeinschaft, sondern Ostern wurde als Frühlingsfest präsentiert und Weihnachten als »Stille Nacht der klaren Sterne«.

Die Führerinnen wurden gehalten, in ihrer Schulung diesen Vorschlägen zu folgen, und wenn sie sich nicht imstande fühlten, die Inhalte in freier Rede zu übermitteln, so sollten sie die Artikel und Erzählungen, Berichte oder fingierten »Briefe aus dem Felde« vorlesen.

So brandete ein- bis zweimal in der Woche das nationalsozialistische Pathos in die Köpfe der Kinder. Denn in den Gedichten, Fahnensprüchen, Liedern, politischen Lehrtexten, Spiel- und Bastelvorschlägen wurde keine Gelegenheit ausgelassen, schwärmerisch zu überhöhen, Durchhalteparolen zu wiederholen, die Begeisterungsfähigkeit der Jugendlichen für die nationalsozialistischen Ziele auszunutzen und bei allen Lügen und Verschleierungen einen hohen pathetischen Ton anzuschlagen.

Dieser hohe hohle Ton wiederholte sich überall. Die gleichgeschalteten Tageszeitungen folgten ihm, die »Blut und Boden«-Romane junger Autoren nahmen ihn auf, und in den ungezählten Reden bei Aufmärschen und Feierstunden dröhnte er aus den Lautsprechern.

Schulkinder schrieben Aufsätze über Themen, die ihn herausforderten, und noch im RAD (Reichsarbeitsdienst) gab es die Aufgabe, den jüngsten Artikel von Josef Goebbels aus dem »Reich« nachzuerzählen. Das war leicht, weil das Prinzip der ständigen Wiederholung in anderen Worten benutzt worden war, und weil das Sprachgetön keinen anderen Inhalt hatte als eben dies Getöne und die Logik auf den Kopf gestellt wurde: »Wir werden siegen, weil wir siegen müssen!«

Diese bewußte und unbewußte Phrasenschulung aber verdarb die Sprache der Kinder und Jugendlichen, auch wenn sie ihre Fabrikationsgesetze insoweit begriffen, als sie sich ihrer bedienten, wenn es nötig war, und sie bei jeder Gelegenheit karikierten.

Am verderblichsten wirkten jedoch wohl die Lieder, bei jedem Heimnachmittag, bei jeder Fahrt, bei jeder Wanderung eingeübt und gesungen. Sie wurden samt allen Strophen Zeile für Zeile auswendig gelernt und bei jeder Gelegenheit gesungen, so daß sich die Kernsätze der nationalsozialistischen Weltanschauung in ihrer Anmaßung und in ihrer Häresie in den Kinderköpfen festsetzten:

»Wir werden weiter marschieren,
bis alles in Scherben fällt,
denn heute (ge)hört uns Deutschland
und morgen die ganze Welt …«

Oder aber das Lied von Rudolf Alexander Schröder, das gern beim Fahnenhissen gesungen wurde:

»Deutschland heiliges Wort
du voll Unendlichkeit
über die Zeiten fort
seist du gebenedeit …«

Indoktrination durch Sprache, durch die Alltagssprache in Schule und Hitlerjugend. Inmitten dieses Schwulstes, der noch nach 1945 selbst in Re-Education-Texten zu finden ist, war das klare, knappe Deutsch, das Kästner schrieb, ein Gegenpol, eine Gegensprache, etwas vollkommen Neues und vollkommen anderes.

Mit Kästner begann die moderne deutsche Kinderliteratur. Er nahm die Kinder ernst, deshalb schrieb er nicht betulich und nicht simplifizierend. Er schrieb im wahrsten Sinn des Wortes modern, so modern, wie er als Journalist und Kabarettist zu schreiben gelernt hatte. Er hielt sich an Tatsachen. Er gab seine Beobachtungen genau und so knapp wie möglich wieder. Kein Wort zu viel, aber dann eins, das zeigte, welcher Meinung der Erzähler war. Er setzte darauf, daß ihn die Kinder verstanden, daß sie mit ihm einig waren, was für gut und böse, für falsch und richtig zu halten war, und wenn etwas fraglich war, wenn man in Gefahr geriet, sich zu irren oder sich täuschen zu lassen, so argumentierte er mit seinen Lesern.

In diesem Sinne belehrte er und wollte belehren, aber nicht

im alten autoritären, sondern im sokratischen Sinn. Er vertraute darauf, daß die Kinder richtig denken und handeln würden, wenn sie nur ihren Verstand gebrauchten, und in seinen Romanen zeigte er immer wieder, wie gut Kinder ohne die Hilfe der ohnehin gern verwirrenden Erwachsenen zurechtkommen und gemeinsam ihre Schwierigkeiten bewältigen.

Wie verbreitet seine Kinderbücher waren und wie wenig seine Moral bei den schon an den Nationalsozialismus verlorenen Erwachsenen fruchtete, zeigt die Szene, die Luiselotte Enderle erzählt und damit bestätigt, daß Kästner von allen gelesen wurde, auch von den Jungen, die später in der SA-Uniform steckten. Als Erich Kästner nämlich 1934 zum ersten Verhör in die gefürchtete Prinz-Albrecht-Straße, das Hauptquartier der Gestapo (Geheime Staatspolizei), bestellt wurde, begrüßten ihn dort die SS-Leute mit dem Ruf: »Ha, da kommen ja Emil und die Detektive!«

Die Bücher, die verbrannt wurden; der klare Geist, der verachtet, die eindringliche Stimme, die verboten wurde – so kam es, und man kann sich nicht vorstellen, was es für einen Autor in dieser Situation bedeutet haben muß, sich mit alten Schwankstoffen zu beschäftigen.

Als ersten Stoff suchte er sich den Till Eulenspiegel aus. Till, auch Tyll genannt und Ulenspiegel, soll ein leibhaftiger bäuerlicher Schalksnarr aus dem 14. Jahrhundert gewesen sein, dessen Geburtsstadt zu sein, sich zwei Städte streiten: Mölln und Kneitlingen bei Braunschweig.

Der historische Till ist jedoch kaum das Vorbild für den Possenreißer, der zum Helden der Schwanksammlung wurde, die 1482 zum ersten Mal erschienen sein soll. Auf jeden Fall gehört Till Eulenspiegel wie die Schildbürger zu den sogenannten deutschen Volksbüchern, deren Stoffe immer wieder aufgegriffen und nacherzählt wurden.

Volksbuch – das ist ein Begriff, den Joseph Görres 1807 in seiner Schrift *Die teutschen Volksbücher* geprägt hat. Das war die Zeit, in der die Romantiker das sogenannte Altdeutsche aus den verschiedensten Gründen schätzten und überall suchten: Die mittelhochdeutschen Texte, die sie als Volksbücher bezeichneten, waren jedoch vorwiegend die Lektüre von Gebildeten und Adligen gewesen und wurden erst durch die Bemühungen der Romantiker zur Volks- und Jugendliteratur. In diesen und anderen Stoffen sahen sie den Traum auch von der sprachlichen Einheit erfüllt: Melusine, Dr. Faustus, Fortunat, Genoveva, die Haimonskinder, das Lalebuch, Till Eulenspiegel und so weiter.

Diesen Stoff suchte sich Erich Kästner nun für seine erste Nacherzählung aus, die Eulenspiegel-Geschichten, und in ihnen wird deutlich, worauf es Kästner ankam. Er wollte weder die altertümelnde Sprache nachahmen, noch ihre historisch gewordenen Begriffe übernehmen. Er war radikal, ließ die Kulisse so, wie sie war, beförderte jedoch die handelnden Personen in die Gegenwart und gab den elf Abenteuern ein Vorwort, in dem er den Lesern unmißverständlich deutlich machte, daß es um die Spannung zwischen klug und dumm ging, um den Gegensatz zwischen Vernunft und Beschränktheit, auch zwischen gefährdeter Freiheit und sattem Bürgertum:

»Manche, die er auf diese Weise hingelegt hatte, lachten hinterher und nahmen ihm seine Streiche nicht weiter übel. Das waren die Gescheitesten. Die meisten wurden aber schrecklich böse auf ihn und ruhten nicht eher, als bis sie sich gerächt hatten. Das war sehr dumm von ihnen.

Denn Eulenspiegel hatte ein gutes Gedächtnis. Nach Jahr und Tag tauchte er plötzlich wieder auf und verulkte sie, daß ihnen Hören und Sehen verging. Immer lachte er als letzter.«

Das war deutlich, aber wenn die »Gescheitesten« 1938 auch wußten, daß nach den Röhm-Morden, den Verhaftungen und Berufsverboten, den Morden in den Heimen für Geisteskranke und der Brandstiftung an den Synagogen im Deutschen Reich kein Recht mehr galt und alles auf einen Krieg hinwies, so hofften sie doch, daß der Spuk rasch vorüberginge.

1937 war Erich Kästner von Berlin nach Reichenhall gereist und setzte sich jeden Morgen in den Omnibus nach Salzburg. Das war der sogenannten kleine Grenzverkehr, für den keine Papiere notwendig waren, so daß Kästner amtlich unsichtbar nach Österreich reisen und sich in Salzburg mit Walter Trier treffen konnte – abends fuhr er per Bus wieder ins Dritte Reich zurück.

Mit Walter Trier, seinem Illustrator, der unterdessen nach London emigriert war, besprach er den Roman *Georg und die Zwischenfälle* und den *Till Eulenspiegel*, die im Verlag von Kurt Maschler erschienen. Der hatte nach der Flucht der Verlegerin Edith Jacobsohn ihren Verlag Williams & Co. übernommen, und als Kästners Bücher im Deutschen Reich verboten wurden, übernahm Cecilie Dressler, die eine langjährige Mitarbeiterin von Frau Jacobsohn gewesen war, den Berliner Verlag, und Maschler gründete in Basel den Atrium-Verlag, mußte sein Verlagsbüro jedoch in Wien eröffnen, weil er keine Aufenthalts- und Arbeitsgenehmigung in der Schweiz erhielt.

Die Auslieferung besorgte einer seiner Freunde im Kittl-Verlag in Mährisch-Ostrau, das dicht an der schlesischen Grenze liegt, aber eben noch sicher in der Tschechoslowakei.

So kommt die Verlagsangabe zustande: Atrium-Verlag – Basel – Mährisch-Ostrau.

Doch diese kunstvolle Konstruktion hielt nicht lange, Hitler begann seine Eroberungszüge, eignete sich Österreich an – Maschler mußte aus Wien abermals flüchten, diesmal nach Holland. Unterdessen machte Hitler aus der Tschechoslowakei das Reichsprotektorat Böhmen und Mähren, und Kittls Auslieferung in Mährisch-Ostrau hatte ein Ende. Hitler gewann den Krieg, besetzte Holland, und Maschler mußte wieder fliehen, nach England. Kästners Bücher wurden beschlagnahmt, und 1942 bekam er Schreibverbot für Deutschland und das Ausland.

So ist Eulenspiegel das letzte Buch vor dem langen Schweigen, und der Satz im Vorwort – »Denn Eulenspiegel hatte ein gutes Gedächtnis« wurde Programm. Kästner schrieb Tagebuch.

Till Eulenspiegel

Erich Kästner machte vor allem von der dichterischen Freiheit Gebrauch, eine Jahrhunderte alte, in vielen anderen Schwänken variierte Geschichte ganz auf seine Art und Weise und für sein Jahrhundert zu gestalten.

Was bedeuteten Kindern, denen er gerade *Emil und die drei Zwillinge* und *Das fliegende Klassenzimmer* erzählt hatte, Begriffe wie Schalksnarr oder ähnliches?

So machte er sich nicht die Mühe, eine Figur aus der Gesellschaft des ausgehenden Mittelalters zu erklären, sondern er machte aus Eulenspiegel einen Zirkusclown: »Auch die von euch, die noch in keinem Zirkus waren, werden hoffentlich wissen, was ein Clown ist. Erinnert ihr euch? Clowns, das sind Spaßmacher, die so bunt und ulkig herausgeputzt sind, als ob das ganze Jahr über Maskenball wäre. (…) Und nun stellt euch einmal vor: ein solcher Clown ginge eines schönen Tages aus dem Zirkus fort! Ohne einen Pfennig Geld, und ohne dem Zirkusdirektor etwas davon zu sagen! In seinem scheckigen, völlig verrückten Anzug! Ohne etwas Richtiges gelernt zu haben; ohne Koffer und Spazierstock; ohne Eltern und reiche Verwandte! Er ginge ganz einfach aus dem Ort hinaus und wanderte die Landstraßen entlang …« Mit dem Koffer und dem Spazierstock wird Eulenspiegel in die Gegenwart befördert, in die Gegenwart der Kinder, und seine Streiche bekommen ein ganz anderes Gesicht. Die Dummen laufen ihm so von allein in die Fallen, daß Eulenspiegel gar nicht dazu kommt, Schuld zu empfinden; und wie kann er auch Schuld haben, wenn er nur wortwörtlich das ausführt, was man ihm aufgetragen hat. Und statt Brot und Semmeln Eulen und Meerkatzen backt.

»Herrschaften!« redete Kästner seine Leser an, in einer Zeit, in der die Kinder Jungmädel und Pimpfe wurden und die Erwachsenen Volksgenossen und Volksgenossinnen.

»Herrschaften!« das klingt scharf und spöttisch, und so wurden auch die altfränkischen Schwänke behandelt. Kästner erzählte sie in der flinken, frechen Großstadtsprache Berlins, knallte einen Kalauer dazwischen, verarbeitete Redensarten, die Berliner Gören gerade erst erfunden hatten.

Frisch und witzig war das, jedes Kind, das diese Texte las, konnte begreifen, was Sprache bedeutet, wie sie sich von der allgemein verordneten Schwülstigkeit unterscheidet.

Dann kamen die Kriegsjahre. Das Schreibverbot für Bücher blieb bestehen. Papier wurde knapp, bis zur Währungsreform 1948.

Um diese Zeit begann Erich Kästner wieder an Kinderliteratur zu denken, schrieb ein Bilderbuch, einen Roman, und 1950 kam die zweite Nacherzählung heraus, *Der Gestiefelte Kater*, noch einmal von Walter Trier illustriert.

Der Gestiefelte Kater

Kurt Maschler war unterdessen nach Zürich zurückgekehrt, wo auch sein Atrium-Verlag wieder ansässig wurde, und er gab die Rechte für das Kinderbuch dem Verlag Carl Ueberreuter, so daß es im noch von den vier Siegesmächten besetzten Österreich in Wien herauskam.

Im Impressum wird darauf hingewiesen, daß die Urfassung dieses Märchens von Charles Perraut stammt, aber Erich Kästner hat weder auf diesen Autor, noch auf die Brüder Grimm Rücksicht genommen. Er schien sich darauf zu verlassen, daß alle Kinder das Märchen kannten und schrieb kein erklärendes Vorwort, sondern begann mit einem Streitgespräch zwischen den drei Brüdern, die gerade den Müllervater verloren hatten.

In den Märchen wird gern und immer wieder das Stereotyp vom dritten Sohn wiederholt: Er ist der Dümmste. Er wird von den Brüdern mißachtet, geht bei der Erbschaft leer aus und so weiter, aber zum Schluß erwischt er durch seine Redlichkeit und seine unschuldige Dummheit den besten Zipfel vom Leben, meist die Königstochter und manchmal auch noch ein halbes Königreich.

Kästner nun holte diese Start-Szene in die Gegenwart, ließ den Jüngsten sein Märchen-Schicksal nicht im geringsten stumm und geduldig auf sich nehmen, sondern widersprechen, gegen die Ungerechtigkeit und den Egoismus der älteren Brüder anrennen. Er zeigte mit ein paar Sätzen, mit denen sich diese Brüder auf Sitte und Gewohnheit zurückzogen, daß aller Aufstand sinnlos war.

Selber leben, meinetwegen einem Kater vertrauen, der noch dazu sprechen kann, dazu bringt sich der Jüngste, und dann rollt die Handlung so ab, wie bekannt, aber irgendwie wird aus dem Zauberkater ein Carpetbeggar, einer von denen, die eben noch Schwarzmarktgeschäfte gemacht und nun schon wieder solche machten, die man betrügerisch nennen könnte, wenn wir uns nicht in den Gefilden des Märchen bewegten, wo man den gefräßigen König an der Nase herumführen und den bösen Zauberer auffressen darf, ungestraft und im Namen der poetischen Gerechtigkeit, weil die Königstochter so hübsch ist wie ein Ufa-Star. Und so führen Schlitzohrigkeit und naives Vertrauen zum guten Ende in Glück und Reichtum. Und so zeigte Kästner, wie seine Zeit, kurz vor dem Wirtschaftswunder, sich wieder organisierte. Und daß die Zeit der Märchen für immer vorbei war, die für Gestiefelte Kater aber immer und ewig hielt.

Münchhausen

1951, wieder als Lizenzausgabe des Atrium Verlags in Zürich, erschien beim Verlag Carl Ueberreuter in Wien der Text, der Erich Kästner im Krieg hatte überleben lassen. 1942 hatte er die etwas ominöse Erlaubnis erhalten, doch wieder etwas zu schreiben, und zwar das Drehbuch für den Jubiläumsfilm der Ufa, *Münchhausen*.

Das im Vorspann des Films, der unterdessen ein Klassiker geworden ist, Kästners Name fehlt, hängt mit dem Tobsuchtsanfall von Goebbels zusammen, als er entdeckte, wie man versucht hatte, ihn für Erich Kästner zu hintergehen.

Auf jeden Fall waren Kästner *Des Freiherrn v. Münchhausen wundersame Reise und Abenteuer zu Wasser und zu Lande* wohlvertraut. Im Film hatte er die Flunkereien des unsterblichen Münchhausen gleich in der ersten Szene verfremdet: Eine Männerhand in Brokatstulpe und üppiger Spitzenmanschette reckt sich so aus dem Ärmel, daß man die Armbanduhr sieht und greift nach dem elektrischen Lichtschalter.

Die Entstehungsgeschichte der Münchhausen-Abenteuer ist so kurios wie die Geschichte selbst und kompliziert wie die Kleinstaaterei in Münchhausens Zeit. Die Quellen einzelner Lügengeschichten lassen sich bis ins Altertum zurückverfolgen. Sie sind aufgeschrieben worden, andere sind mündlich überliefert, sind an den langen Abenden des Winters, des Krieges oder der Wanderschaften erzählt worden, und immer schon hat es Müßiggänger gegeben, die sich die Zeit mit dem Weiterspinnen von tollen Abenteuern vertrieben, die sie selber an einem anderen Herd oder Lagerfeuer gehört hatten.

Diese Geschichten wurden jedoch erst Ende des 18. Jahrhunderts aufgeschrieben und zum Volksbuch, und zwar von einem Unbekannten, der sie 1781 beim Verleger Mylius in Berlin veröffentlichte und dem Herrn v. Münchhausen im Hannöverschen zuschrieb. In England, über das damals auch der König von Hannover in Personalunion regierte, weckte das Buch großes Interesse, wieder griff jemand den Stoff auf und erzählte ihn auf Englisch neu. Es war der ehemalige Bibliothekar Rudolph Raspe aus Kassel, den es nach London verschlagen hatte. Er faßte als erster die einzelnen Anekdoten und Schwänke zu einer Erzählung mit einem Helden zusammen, dem Baron v. Münchhausen. Das Buch wurde in London gedruckt, ein Jahr später bekam es Professor Gottfried August Bürger aus Göttingen in die Hand. Er übersetzte den Text ins Deutsche, ergänzte ihn und ließ ihn, wie vorher Raspe, anonym erscheinen. Seine Version der Lügengeschichten wurde zu einem deutschen Klassiker.

Kästner erzählt schon diese Entwicklung in seinem »Vorwort« so verknappt, daß sie eine Anekdote für sich wurde:

»Eines steht fest, und daran ist nicht zu wackeln: Der Baron

v. Münchhausen, der in diesem Buch einige seiner Abenteuer erzählt, hat wirklich und richtig gelebt, und zwar vor etwa zweihundert Jahren. Er kam im Braunschweigischen zur Welt, hieß Hieronymus mit Vornamen und wurde, kaum aus der Schule, Offizier. Das war damals bei Söhnen aus dem Adel so üblich. Die Väter lebten auf ihren Gütern, gingen auf die Jagd, ritten durch die Felder, tranken roten Punsch und ließen ihre Söhne Offizier werden. Wenn die Väter alt wurden, riefen sie die Söhne zurück. Und nun gingen diese auf die Jagd, ritten durch die Felder, tranken roten Punsch und ließen wiederum ihre Söhne Offizier werden.«

Das reichte ihm aber nicht, um die Distanz von zweihundert Jahren deutlich zu machen. Er wird, in bester Lehrermanier, genauer und fragt: »Wann war das denn nun, damals? Es war zu der Zeit, als die Kaiserin Maria Theresia in Österreich, Friedrich der Große in Preußen und Katharina II. in Rußland regierten. Weil es überall Krieg gab, gab es überall Armeen, und weil es überall Armeen gab, brauchte man überall Offiziere. Und war im eigenen Land wirklich mal kein Krieg, so ritt man in ein anderes Land und trat in dessen Armee ein. Genauso ging es Hieronymus v. Münchhausen. Als es ihm daheim zu langweilig wurde, trat er in die russische Armee ein. (…) Später rief ihn sein alter Vater heim nach Bodenwerder, so hieß ihr Gut und das kleine Schloß, und nun war Hieronymus der Gutsherr. Er zog die Uniform aus, ging auf die Jagd, ritt durch die Felder und trank roten Punsch … Und wir wüßten heute nichts mehr von ihm, hätte er nicht beim Punsch ganz erstaunliche Geschichten erzählt. (…) So erstaunliche Geschichten, daß sie von irgendwem heimlich aufgeschrieben und gedruckt wurden. Münchhausen war sehr ärgerlich und wollte den Druck verbieten lassen. Als er damit kein Glück hatte, starb er vor Wut.«

Wieder kommt eine lehrerhafte rhetorische Frage an den Leser, die Kästner selbst beantwortet: »Und was an den Geschichten ist denn nun so erstaunlich? Sie stecken voll der tollsten Lügen! Mitten in Berichten über Reisen, die er wirklich gemacht, und über Kriege, an denen er wirklich teilgenommen hat, tischt Münchhausen uns Lügen auf, daß sich die Balken biegen. Durch Lügen kann man also berühmt werden? Freilich! Aber nur wenn man so lustig, so phantastisch, so treuherzig und so verschmitzt zu lügen versteht wie Münchhausen, nicht etwa, um die Leser zu beschwindeln, sondern um sie, wie ein zwinkernder Märchenerzähler, mit ihrem vollen Einverständnis lächelnd zu unterhalten.« Daran knüpft Kästner freilich sofort die pädagogische Ermahnung: »So zu lügen wie Münchhausen ist eine Kunst. Versucht es, bitte, gar nicht erst, sondern macht lieber eure Rechenaufgaben!«

Und dann folgen, auf seine typische Art und Weise, kurz und knapp die bekanntesten und unterhaltsamsten der Münchhausen-Geschichten.

Dieses Schema der Bearbeitung klassischer Stoffe scheint von den Lesern so akzeptiert worden zu sein, daß es Kästner beibehielt.

In den kommenden Jahren arbeitete er mit seinem neuen Zeichner Horst Lemke, einem damals sehr beliebten Bilder- und Kinderbuchillustrator, an mehreren Themen, von denen dann zwei in einem Jahr veröffentlicht wurden. *Die Schildbürger* 1956 im Atrium-Verlag in Zürich und *Don Quichotte* im Verlag Carl Ueberreuter in Wien und Heidelberg.

Die Schildbürger

Die Schildbürger gehören zu den typischen Volksbüchern und Schwankgeschichten, stammen aus dem Ende des 16. Jahrhunderts, gehen vermutlich zurück auf das sogenannte Lalebuch, eine Sammlung von Schwänken, die den Bewohnern der erfundenen Stadt Laleburg zugeschrieben wurden. Die Schildbürger sind 1597 in Straßburg, 1598 etwas verändert in Frankfurt am Main zum ersten Mal gedruckt erschienen. Ihre verschiedenen Tölpeleien standen bis zu Kästners Zeiten in Lesebüchern und wurden immer wieder in Bilderbüchern nacherzählt, weil ihr Reiz darin bestand, daß sich Erwachsene noch dummerhaftiger anstellten als Kinder. Das ließ in Generationen von Kindern das starke Gefühl entstehen, das Leben sei vielleicht doch gar nicht so schwer zu meistern, wie es diese erwachsenen Besserwisser ihnen immer wieder einzureden versuchten.

Kästner sah die Sache anders. Er erklärte den Namen Schildbürger zwar so, wie es allgemein üblich ist – ein Bürger aus Schilda, wenngleich Schildbürger auch eine Bezeichnung aus dem hohen Mittelalter ist, so daß man annehmen könnte, daß sich der Name Schilda erst aus diesem Begriff ergeben hat. Vor allem in den freien und Reichsstädten wie Straßburg und Frankfurt drängten sich in den unverrückbaren Mauern der Verteidigungsanlagen die noch nicht numerierten Fachwerkhäuser so in den Gassen, daß die Bürger bunt angemalte Holzschilder neben ihre Haustüren nagelten, damit man sich an der Farbe orientieren konnte. So waren die Rothschilds wahrscheinlich die bekanntesten Schildbürger, obgleich gerade sie nicht den Typ der Schildbürger darstellten, die mit ihrem beschränkten Geist und der ungebildeten Naivität eine Art Warnung darstellten: Die sich gerade etablierende Klasse der Stadtbürger, die sich von den Landesherren befreit oder freigekauft hatten, die sich nun selbst verwalten wollten, sollten sich als nichts Besseres vorkommen. Hochmut kommt vor den Fall!

Erich Kästner nun interpretiert die Schildbürger für Kinder einer Zeit, die den Nationalsozialismus höchstens als Wickelkind miterlebt hatten, die aber inmitten von Erwachsenen aufwuchsen, die vor einem guten Jahrzehnt noch Nationalsozialisten gewesen waren und denen mehr oder weniger umfangreiche Reste dieser Weltanschauung im Kopfe spukte, ganz anders. Kästner verzichtete darauf, es sich einfach zu machen und sie als die Schildbürger der jüngsten Vergangenheit zu präsentieren. Er wollte seine Leser lieber verblüffen, indem er die alte Tradition vollkommen auf den Kopf stellte.

Kästner beginnt seine Nacherzählung mit der Frage: »Waren die Schildbürger wirklich so dumm, wie sie taten?« Dann gibt er ein paar Kostproben ihrer Dummheit und beantwortet seine Frage so: »An dieser Stelle muß ich euch ein Geheimnis anvertrauen. Es heißt: So dumm kann man nicht sein! Daraus folgt einwandfrei, daß auch die Schildbürger nicht so dumm gewesen waren, sondern daß sie sich nur so dumm stellten! Das ist natürlich ein großer Unterschied! Wer nicht weiß, daß zwei mal zwei vier ist, der ist dumm, und ihm ist schwer zu helfen. Wer es aber weiß und trotzdem antwortet, zwei mal zwei sei fünf, der verstellt sich. So ähnlich wie er machten es die Schildbürger.« Damit provoziert er natürlich die Frage: Warum? Warum ließen sich die Schildbürger im ganzen Lande auslachen? Und seine Antwort lautet: Weil sie so gescheit gewesen sind. So gescheit nämlich, daß alle Nachbarstädte, daß selbst Könige und Kaiser nach ihnen schickten, wenn es ein schwieriges Problem zu lösen gab. Das war zwar ehrenvoll, aber in Schilda blieb unterdessen die Arbeit liegen, und die Frauen wurden aufgebracht. So kam es also, daß sich die Männer dumm stellten oder dumm stellen mußten, um ihr Schilda wieder zu einer blühenden, ordentlichen Stadt zu machen und es dabei zu belassen.

Also: Die Dummen sind die Schlauen, und dieser Schock, halb Spaß, halb bittere Lebenserkenntnis, sollte die Leser, die Kinder, so treffen, daß sie anfingen, über Wahrheit und Paradox dieses Satzes nachzudenken. Kästners Hoffnung, die ganz allgemein auf den unverdorbenen geraden Verstand der Kinder gründete, wird weiter gezielt haben. Darauf, daß dieses Nachdenken ein Anfang sein sollte und das ganze Leben lang weder endete, noch wirkungslos blieb.

Man kann heute überprüfen, wie weit diese Hoffnung hielt oder trog.

Kästners Schildbürger waren durch diese Umwandlung nun keine Gestalten aus der Literaturgeschichte oder aus dem Lesebuch mehr, sondern Menschen, die die Kinder besser verstehen konnten. Sie taten so als ob in einer Umgebung, in der sie damit am elegantesten durchkamen. Sie ersparten sich endlose Diskussionen und Rechtfertigungen – und welches Kind kennt nicht diese Strategie, mit etwas Theater und Phantasie rasch und ohne Familienaufruhr ans Ziel zu kommen.

So brauchte Kästner nun nichts anderes mehr zu tun, als ein

Schildbürgerabenteuer nach dem anderen zu erzählen. Die Kinder wußten, daß jede Geschichte, jede angebliche Dummheit etwas ganz anderes bedeutete und konnten darüber lachen. Kästner hatte sie zu seinen Komplizen gemacht.

Don Quichotte

Ebenfalls 1956 erschien *Leben und Taten des scharfsinnigen Ritters Don Quichotte* beim Verlag Carl Ueberreuter in Wien und Heidelberg.

Das war Kästners erster Versuch, Weltliteratur für Kinder nachzuerzählen. Kaum etwas Besonders für ihn, der noch aus der Zeit stammte, in der die Zahl der spezifischen Jugendbücher so gering war, daß leselustige Kinder früh nach der allgemeinen Belletristik griffen und Lehrer und Verleger die Klassik nach jugendgemäßen Stoffen durchforschten und »für die Jugend« einrichteten.

So ging es den Stoffen der Dichter nicht anders als den Märchen und Sagen und Schwänken: Es waren ihre Inhalte, das spannende oder komische oder rührende Geschehen, das den Kern der eigentlichen Nacherzählung abgab. Ob Don Quichotte oder Robinson, Ivanhoe oder Gulliver: sie wurden simplifiziert, gekürzt und verkürzt, so daß die Kinder nur ahnen konnten, was für eine dichterische Kraft hinter den Worten gestanden hatte.

In dieser Tradition stand auch Erich Kästner. Er – oder der Verlag – hielten es nicht für nötig, auf dem Titelbild den Namen des Autors zu nennen, sei es, weil die Nacherzählung kaum noch etwas mit seinem Werk zu tun hatte, sei es, weil er als allgemein bekannt vorausgesetzt wurde. Denn die Geschichte von Don Quichotte gab es in vielen Übersetzungen und Ausgaben, darunter die literarisch hochgelobte von Ludwig Tieck, die ihre Eigentümlichkeiten daraus gewonnen hatte, daß Tieck nicht ausreichend Spanisch konnte.

Der erste Teil des Romans von Miguel de Cervantes Saavedra, *El ingeniosa hidalgo Don Quixote de la Mancha* erschien

1605, der zweite 1615. Cervantes stellte zwei Strömungen der damaligen spanischen Literatur und des spanischen Lebensgefühls zusammen dar und gewann durch diese Spannungen den literarischen Effekt. Zu des Hidalgos Idealismus gesellt sich der pralle Realismus seines Schildknappen Sancho Panza. Traum und Wirklichkeit stoßen aneinander, das Ideal des Guten und Schönen, das Verlangen nach Gerechtigkeit und der bescheidene Pragmatismus eines sinnlichen und sinnenfrohen Vorläufers des Papageno.

Seiner Mischung aus Moral, Komik und Unterhaltung wegen war Don Quichotte bevorzugte Lektüre der Pagen am spanischen Hof, und Cervantes hatte oft betont, sein Roman sei für alle gedacht, also auch für die jugendlichen Leser.

Vor Kästners Nacherzählung steht wieder eine Einleitung – nun nicht mehr »Herrschaften!«, sondern »Meine Lieben!« –, die so beginnt:

»Neulich fragte eine Illustrierte ihre Leser: ›In welchem Zeitalter hätten Sie am liebsten gelebt?‹ Und die Antworten waren bunt wie ein Blumenstrauß. Ein Kolonialwarenhändler aus Schweinfurt teilte der Redaktion mit, daß er am liebsten etwa 500 vor Christi Geburt ein alter Grieche gewesen wäre und zwar, wenn es sich hätte einrichten lassen, Sieger bei den Olympischen Wettkämpfen. Statt mit Lorbeer gekrönt zu sein, müsse er nun in seinem Geschäft Lorbeer in Tüten verkaufen, für fremde Suppen, und das gefalle ihm weniger.«

Auf diese Ebene der Alltagsmenschen der fünfziger Jahre und ihrer Fluchtträume aus der sich anbahnenden Wirtschaftswunderwirklichkeit zieht Erich Kästner seinen Don Quichotte. Er stellt ihn auf eine Ebene mit »einer gewissen Frau Brinkmann aus Lübeck«, die der weißgepuderten Frisur und der Reifröcke wegen am liebsten im 18. Jahrhundert gelebt hätte, und einem Herrn Pfannenstiel aus Barmen-Elberfeld, der nichts anderes sein wollte als das, was er war: Rasierklingenvertreter. So hätte sich also Don Quichotte in die Ritterzeit gewünscht, und Schuld an seinen seltsamen Taten seien, laut Cervantes, »›die zahllosen Ritterromane, die damals Mode waren und die er allesamt gelesen hätte‹. Das kann schon sein, kürzlich wurde auf einem Münchener Standesamt ein junges Paar getraut, das 307 Wildwestfilme gesehen hatte. Sie kamen zu Pferde (...) und der Standesbeamte fiel in Ohnmacht. Immerhin wußten die jungen Eheleute noch, daß sie eigentlich Bachmayer hießen und daß der Herr Gemahl wochentags nicht in die Prärie reiten, sondern in Schwabing die Gaszähler prüfen mußte.

Bei Don Quichotte lag das anders. Er war beim Lesen übergeschnappt! (Na, euch kann das ja nicht passieren!)«

Im Anschluß an diese Banalisierung seines Helden erzählte er dann einige der Abenteuer, die sich durch besondere Spannung oder Komik auszeichnen.

Gullivers Reisen

Im Frühjahr 1961 erschien Erich Kästners Tagebuch *Notabene 45* aus den letzten Wochen des Dritten Reiches und den ersten Monaten danach. Damals hatte Kästner in Mayrhofen im Zillertal gelebt und verfolgt, wie rasch sich die Menschen um ihn herum veränderten, wie geschwind sie leugneten, Anhänger oder Nutznießer der Nationalsozialisten gewesen zu sein, wie sie die Hakenkreuzfahnen verbrannten oder Kinderkleider und Schürzen daraus nähten, auf jeden Fall behaupteten, nichts gewußt zu haben und immer dagegen gewesen zu sein. Aus Großdeutschland wurde wieder Deutschland, aus alten Kämpfern Bauern.

Als Kästner dieses Tagebuch vorm Druck noch einmal durchlas, müssen ihm ein paar Sätze aus 1945 besonders aufgefallen sein. Er hatte damals notiert: »Bruchteile der Vergangenheit zeigten sich im Maßstab 1:1. Sie wird anschaulich. Der Mensch wird sichtbar. Er erscheint in natürlicher Größe. Er wirkt nicht sonderlich groß? Nein. Nicht einmal aus der Nähe. Gerade aus der Nähe nicht.« (Vgl. *VI, 357*.)

Woran mag ihn dieses Bild von Groß und Klein erinnert haben? Er saß, laut Luiselotte Enderle, seit sechs Jahren an der Arbeit für die Nacherzählung des Romans von Jonathan Swift, der 1725 unter dem umständlichen Titel *Reisen zu mehreren entlegenen Völkern der Erde in vier Teilen von Lemuel Gulliver erst Wundarzt später Kapitän mehrerer Schiffe* in England erschienen war, anonym, also ohne den Namen des Autors. Swift fürchtete nämlich, seine bittere Satire könne die Kollegen und Könige kränken, die er zum Vorbild seiner eitlen, faulen und albernen Helden gewählt hatte.

Swifts Roman ist, je nach Ausgabe, ein paar hundert Seiten dick, und seine vier Teile bestehen aus acht bis zwölf Kapiteln. Die Bearbeitungen oder Nacherzählungen für Kinder beschränken sich meist auf die ersten beiden Teile, die Reise nach Liliput und nach Brobdingnag. Mit gutem Grund. Gullivers Reise zu der Insel der Unsterblichen entwirft so hoffnungslose Bilder von Hochbetagten, die nicht sterben können, ihre Sprache, ihren Verstand, ihre Freunde längst verloren haben und nur noch wie in einem Pflegeheim für Altersdemenz vegetieren, daß man sie Kindern nicht zumuten mochte. Und seine Reise ins Reich der Pferde ist am menschenverachtendsten: Diese edlen, schönen und sauberen Geschöpfe, bei denen Gulliver in voller Kleidung landet, halten sich verschmutzte, verlogene, moralisch verkommene nackte Wesen als Diener, in denen Gulliver nach allerlei Verdrängungskunststücken Menschen wie seinesgleichen erkennen muß, sie aber ebenso heftig verabscheut, wie es die Pferde tun. So mag er sich kaum von Menschen – britischen Seeleuten – retten lassen. So ist ihm, glücklich heimgekehrt, die eigene Familie so zuwider, daß er nicht mit ihr unter einem Dach leben mag.

Das ist – noch – kein Stoff für Kinder. Infolgedessen wählte auch Kästner die beiden ersten Teile, und es muß ihm großen Spaß gemacht haben, mit Swifts Gegensätzen von Groß und Klein, von angemaßter Größe und riesenhafter Dummheit zu spielen. Er hatte ja gerade erlebt, wie rasch Größe vergehen und jeder wieder auf sein normales Maß zurechtschrumpfen kann.

Erich Kästner ist Jonathan Swifts Geschichte gefolgt, aber er hat beim Raffen des Stoffes nicht nur auf die jüngste und allerjüngste Vergangenheit Deutschlands angespielt, hat zum Beispiel Lebensmittelmarken, die Sicherheitspolizei und Kriminalbeamte eingearbeitet, er hat vor allem aus dem gallenbitteren Gulliver, der von den Menschen, ob Liliputaner oder Riesen, so enttäuscht war, daß er sie nicht mehr ertrug, einen freundlichen Mann und Großvater gemacht, der aus Erfahrung weise ist. Dieser Gulliver sitzt nun wie Kästner damals im Zillertal in seinem Obstgarten und erkennt, während er seine Geschichte zu erzählen beginnt, noch einmal die Relativität der menschlichen Maße. Einst war ihm England zu klein, so daß er in die fernste Ferne segeln mußte, jetzt ist ihm schon dieser Obstgarten fast zu groß.

Das läßt Kästner seinen idyllifizierten Gulliver selber sagen, denn diesmal schrieb Kästner nicht selbst die Einleitung, sondern ließ Gulliver sich selbst an »die lieben Leser« wenden und so fortfahren:

»Mein Name ist Lemuel Gulliver. Wir schreiben das Jahr 1725, und ich bin nicht mehr der Jüngste. Früher war ich Schiffsarzt, jetzt bin ich Großvater. So ändern sich die Zeiten. Früher liebte ich die Abenteuer, heute liebe ich meine Ruhe. So ändern sich die Menschen. Früher war mir England, meine Heimat, zu klein, und nun ist mir der Obstgarten, wo ich sitze und schreibe, fast zu groß. So ändert sich das Augenmaß.«

Das ist der typische kästnerische Stil, und die Schlußzeilen von Gullivers Einleitung klingen so, als säße Kästner selbst unter einem Obstbaum und blickte auf seine Abenteuer zurück: »Eigentlich habe ich immer Glück gehabt. Sogar wenn die Schiffe, auf denen ich fuhr, im Sturm zerbrachen und versanken, wurden für mich aus den Unglücksfällen Glücksfälle. Ich kam zu den Zwergen und zu den Riesen und zu Geld. Und an Erinnerungen wurde ich reicher als ein Millionär. Ich will nicht geizig sein. Ich will sie verschenken, indem ich sie aufschreibe. Für alle Menschen, die neugierig sind. Für die Gelehrten, fürs Volk und für die Kinder.«

Sybil Gräfin Schönfeldt

Inhaltsverzeichnis

7 Till Eulenspiegel

9 Vorwort
12 Wie Eulenspiegel dreimal getauft wurde
13 Wie Eulenspiegel auf dem Seil tanzte
16 Wie Eulenspiegel in einem Bienenkorb schlief
18 Wie Eulenspiegel die Kranken heilte
20 Wie Eulenspiegel Eulen und Meerkatzen buk
22 Wie Eulenspiegel Turmbläser war
24 Wie Eulenspiegel Erde kaufte
25 Wie Eulenspiegel einem Esel das Lesen beibrachte
27 Wie Eulenspiegel die Schneider aufklärte
28 Wie Eulenspiegel die Kürschner betrog
29 Wie Eulenspiegel Milch aufkaufte

31 Der Gestiefelte Kater

33 Vom Kater ist noch nicht die Rede
33 Die Hinterlassenschaft wird geteilt
35 Der Kater ist kein gewöhnlicher Kater
36 Der Kater hat drei seltsame Wünsche
38 Rebhühner fressen gerne Weizenkörner
40 Der Gestiefelte Kater kommt wieder
42 Hans muß im Fluß baden
45 Der Gestiefelte Kater macht ganze Arbeit
47 Der Graf von Carabas verlobt sich

49 Des Freiherrn von Münchhausen
wunderbare Reisen und Abenteuer
zu Wasser und zu Lande

51 Vorwort

53 Das Pferd auf dem Kirchturm
54 Der Schlittenwolf
55 Der trinkfeste General
56 Die Enten an der Schnur und andere
Jagdgeschichten
59 Der halbierte Litauer
61 Der Ritt auf der Kanonenkugel und
andere Abenteuer
65 Die Wette mit dem Sultan
70 Die zweite Mondreise

73 Die Schildbürger

75 Waren die Schildbürger wirklich
so dumm, wie sie taten?
78 Die Schildbürger bauen ein Rathaus
82 Der versalzene Gemeindeacker
84 Wer am besten reimt, wird
Bürgermeister
86 Der Kaiser besucht die Schildbürger
87 Die Kuh auf der alten Mauer
89 Die versunkene Glocke
91 Ein Krebs kommt vor Gericht
92 Das Herz auf dem rechten Fleck
93 Erziehung in einem Tag oder
gar nicht
94 Die Folgen der Dummheit für Schilda
und die übrige Welt

97 Leben und Taten des scharfsinnigen Ritters Don Quichotte

99 Vorwort

101 Eine Schlägerei und der Ritterschlag
103 Das Abenteuer am Kreuzweg
104 Der Kampf mit den Windmühlen
106 Ein halbes Ohr und ein halber Helm
108 Das verhexte Wirtshaus
109 Der Ritter zwischen Himmel und Erde
111 Die Heimreise im Käfig
113 Wasserburg und Wellenbad
116 Der Flug auf dem hölzernen Pferd
119 Der Einzug in Barcelona

123 Gullivers Reisen

125 Vorwort

128 *Gullivers Reise nach Liliput*

128 Wasser hat keine Balken
132 1500 Meter mit 1500 Pferden
135 Des Kaisers neue Sorgen
138 Auf Zehenspitzen durch die Hauptstadt
142 Das Ende einer Kriegsflotte
145 Ein neues Hemd und neue Feinde
147 Brenzlige Geschichten
151 Heimkehr und Abschied

155 *Gullivers Reise nach Brobdingnag*

155 Der erste und der zweite Riese
158 Große Leute, großer Lärm

161 Kinder unter zehn Metern zahlen die Hälfte!
163 Eine Puppenstube nach Maß
167 Das Haus im Meer

173 Anhang

175 Nachwort